TROP GENTIL
POUR ÊTRE HEUREUX

Robert A. Glover

TROP GENTIL POUR ÊTRE HEUREUX

Le syndrome du chic type

Traduit de l'anglais (États-Unis)
par Clémence Ma

Préface de
Christophe André

PAYOT

TITRE ORIGINAL :
No More Mr. Nice Guy
Pubished by arrangement with
Running Press Book Publishers
and Barnes & Nobles Publishing Inc.

PRÉFACE
par Christophe André

Il était bien brave, mon copain Martin, comme on le dit dans le Sud de quelqu'un de gentil, serviable, jusqu'à en être attendrissant. Il était bien brave, mais – je vous assure que je ne dis pas ça parce que je suis psychiatre – il y avait tout de même un problème derrière sa gentillesse souriante.

Martin était un de mes camarades de la faculté de médecine, un chic type apprécié de tout le monde. Notamment des filles, qui l'aimaient beaucoup, car il était plus attentif à elles que la plupart des autres étudiants en médecine, qui ne s'intéressaient à l'univers féminin que de façon intermittente, et dans le cadre d'une dimension bien précise... Martin, non. Ce qu'il aimait, c'était être avec des filles, tout simplement. Nous l'avions même vu en accompagner de très belles dans leur shopping, passer des heures à bavarder avec elles au café. Le tout sans aucune idée derrière la tête, du moins c'est ce qu'il nous assurait lorsque nous lui demandions ce qui s'était vraiment passé. Mais finalement, Martin n'était pas un tombeur. Ses investissements dans le monde des femmes n'étaient pas si rentables que cela. Et dans les soirées, beaucoup de mâles moins délicats et moins attentifs que lui repartaient souvent avec une fille au bras, tandis que le pauvre Martin rentrait tout seul, un peu triste.

Alors que nous jouions presque tous au rugby (j'ai oublié de vous dire que tout cela se passait à Toulouse) dans l'équipe de la fac de médecine, Martin n'y jouait pas. Il aurait pu pourtant, il était assez grand et costaud. Mais Martin s'occupait beaucoup de sa mère, qui était veuve et avait besoin de le voir plusieurs fois par semaine. C'était d'ailleurs un des arguments de ceux qui étaient jaloux de la proximité de Martin avec les filles, pour assurer qu'il était, en fait, homosexuel, et qu'il n'avait donc aucun mérite à évoluer avec autant de facilité dans l'univers féminin. Mais un bon copain, qui l'était (homosexuel) et qui connaissait bien Martin, m'avait assuré que non : Martin était selon lui un hétéro « tout ce qu'il y avait de plus banal ».

Plus tard, lorsque nous sommes devenus internes, Martin était la coqueluche des infirmières des services où il passait. Souriant, serviable, toujours disponible pour les gardes du week-end ou des fêtes, pour les urgences, pour examiner les patients entrés à la dernière minute avant le déjeuner ou le match à la télé... Mais il n'abusait jamais de son prestige de jeune médecin ou de sa popularité d'homme courtois pour avoir des aventures sentimentales avec les infirmières. Ce qui nous apparaissait, là encore, comme un insondable mystère.

Moi, j'aimais bien Martin. Il ne m'avait agacé qu'une fois, lors d'un match de tennis qu'il m'avait proposé de disputer avec lui. Il était bien meilleur joueur que moi et, dès les premières balles, il était évident qu'il devait l'emporter. Mais j'étais à l'époque très mauvais perdant, et je pestais à chacune de mes fautes, frappant l'air de ma raquette en râlant, inondant le court d'un déluge d'invectives. Peu à peu, Martin se mit à jouer de plus en plus mal. J'ai fini par gagner la partie, mais avec la désagréable impression que mon adversaire avait laissé filer le match pour que j'arrête de m'énerver. Soit pour me faire plaisir, soit parce que la tension liée à mon énervement lui était pénible, soit tout bêtement parce qu'il avait peur que je puisse lui en vouloir ensuite de m'avoir battu. Et qu'il ne voulait surtout pas que nous nous fâchions. Martin avait horreur des disputes. À l'issue de la partie, j'étais finalement assez troublé, un peu vexé de cette victoire anormale, et je n'ai plus jamais voulu rejouer contre lui...

Je me souviens aussi d'une histoire très embarrassante dont Martin fut un jour la victime. Nous jouions au baby-foot à l'internat de l'hôpital, où nombre d'entre nous habitaient ou traînaient le soir. Martin faisait équipe avec un gros interne, pilier de notre équipe de rugby, grande gueule et caractériel, et probablement jaloux de la popularité de Martin auprès des filles. Hélas, Martin était nettement moins doué pour le baby-foot que pour le tennis. À un moment d'une partie à gros enjeu (nous nous amusions à parier de l'argent), Martin encaissa un but absurde, mais décisif, qui signait leur défaite. Son partenaire, très énervé, le traita d'abruti et le bouscula violemment, alors que Martin ne s'y attendait pas : il tomba lourdement à terre. Il y eut quelques secondes de silence gêné : tout le monde attendait que Martin se relève et colle un coup de poing à son agresseur, ou au moins le sermonne sur l'absurdité de son énervement. Plus que l'attendre, nous espérions même qu'il le ferait. Mais non, Martin se releva et dit simplement : « Désolé vieux, excuse-moi, je crois que je ne suis pas le partenaire idéal... » C'est nous qui dûment rappeler au gros qu'on ne se comportait pas comme ça avec des copains et que nous n'étions pas sur un terrain de rugby face à des adversaires. Le tournoi se termina dans un silence de mort. Le gros n'ouvrit plus la bouche. Et Martin disparut de l'internat pendant quelques jours.

Puis j'ai perdu Martin de vue. Je savais simplement qu'il s'était installé comme ophtalmologue dans une ville voisine. Que son cabinet marchait bien, qu'il jouait beaucoup au tennis (et plus du tout au baby-foot), qu'il devenait tranquillement un notable et qu'il menait donc en apparence une vie heureuse de médecin du Sud-Ouest. Un jour, sa sœur m'apprit qu'il s'était suicidé. Son geste avait surpris tout le monde. Sa petite amie du moment venait de le quitter, mais tout de même... Il n'avait d'ailleurs pas paru si affecté que cela par l'événement. Et puis, il avait des amis, de l'argent, un boulot intéressant. Tout pour être heureux, comme on dit. À son enterrement, il y avait beaucoup de monde, surtout des femmes. Toutes les infirmières de tous les services où il avait exercé, beaucoup de ses patientes, ses amies, ses anciennes « fiancées »...

Le suicide de Martin perturba profondément son entourage, qui « ne comprenait pas ». Ses confrères psychiatres parlèrent de « dépression larvée ». Quant à moi, je repensais à ces moments où des petits détails du comportement de Martin m'avaient mis mal à l'aise, comme le mach de tennis ou la partie de baby-foot. Martin était en fait affligé du « syndrome du chic type ». Mais à l'époque, je ne le savais pas encore.

En quoi consiste exactement ce syndrome ? Tout ce livre va vous l'apprendre dans les détails, mais en gros les hommes qui en sont atteints – puisqu'il n'est ici question que de la version masculine – sont avant tout soucieux de ne pas faire de peine, recherchent éperdument l'approbation de leur entourage, veulent être « quelqu'un de bien » et faire le bonheur des autres. L'ennui, c'est qu'en appliquant ce programme de façon peu flexible, ils ne font pas forcément le leur, de bonheur *.

En lisant ce livre un peu avant vous, pour en rédiger la préface, j'ai découvert moi aussi ce syndrome du chic type. J'ai même appris qu'il en existait au moins un « spécialiste mondial » en la personne de l'auteur du livre, Robert Glover, un psychologue américain. Et, comme vous, je me suis d'abord posé la question :

---

* C. André, *Vivre heureux. Psychologie du bonheur*, Paris, Odile Jacob, 2003.

qu'est-ce que c'est encore que cette histoire ? Et comme je suis psychiatre, je me suis même dit précisément : quelle est la validité de ce concept de « chic type » ? Pour parler technique, il s'agit, après lecture de l'ouvrage, d'un ensemble de traits psychologiques associant un déficit d'affirmation de soi (on a du mal à dire ce que l'on veut, ce que l'on pense, ce que l'on ressent, de peur de déranger ou de faire de la peine) et une personnalité dépendante (on a un besoin maladif des autres, de leur avis, de leur affection, pour se sentir exister). Mais effectivement, l'appellation « syndrome du chic type » est plus parlante... Et peut-être utile, finalement, si ce concept permet à des lecteurs d'identifier certaines de leurs difficultés et de les nommer, ce qui représente une étape indispensable avant de prétendre les surmonter.

L'ouvrage aborde intelligemment les causes de l'émergence récente de ce syndrome du chic type. Le chic type, c'est un homme qui a intériorisé psychologiquement la féminisation de notre société. Mais qui, du coup, en a perdu ses propres repères. C'est en quelque sorte un « homme-femme », qui présente l'inconvénient de n'être parfaitement à l'aise dans aucun des deux univers. Pas vraiment intégré dans l'univers mâle de la camaraderie (de l'action en bande), mais pas vraiment au point non plus avec l'univers femelle de l'intimité (de l'émotion en tête-à-tête).

En tout cas, l'ouvrage est exotique pour nous, mâles français, c'est-à-dire latino-européens. La scène où l'auteur, dans un mouvement de *coming-out*, raconte comment il part s'enfermer dans la salle de bains pour pleurer après une dispute avec son épouse aura quelque chose de surréaliste pour beaucoup de lecteurs, plutôt habitués à la répartition inverse des rôles. Et tous les portraits de mâles mous *(soft males)* présents dans le livre commencent par amuser, puis finissent par faire réfléchir...

Trop gentil pour être heureux est aussi un livre symptomatique d'un mouvement de fond qui parcourt le monde de la psychologie : les études de psychologie différentielle entre hommes et femmes font aujourd'hui foison, que ce soit dans le domaine des recherches scientifiques pures et dures * comme dans celui des ouvrages de vulgarisation **. De plus en plus de travaux cherchent en effet à établir les bases biologiques et psychologiques (et non plus seulement sociologiques) des différences et ressemblances entre femmes et hommes. Il semble que les différences soient plus importantes que nous ne le pensions, d'où les conflits et malentendus entre les deux sexes. D'où aussi les ennuis du chic type : dans sa gentillesse et son altruisme, il est celui qui veut se tenir entre les deux rives, mâle et femelle, du fleuve. Et il boit souvent la tasse...

Trop gentil pour être heureux est également un ouvrage sympathique, dans lequel l'auteur se livre – il était lui-même atteint du syndrome du chic type – mais surtout ne cherche pas à victimiser son lecteur. Bien sûr, ses hypothèses sont qu'il existe clairement des causes aux difficultés d'ajustement du chic type. Causes sociologiques, d'abord, avec l'exode rural et les pères absents qui ne font plus correctement leur travail de « virilisation » des petits garçons. Avec une éducation laissée presque entièrement aux mains des femmes : mères, enseignantes, professeures... Causes familiales ensuite : des mamans qui surprotègent et des papas pas très doués (le chic type essayera ensuite toute sa vie de « ne pas faire comme papa »). Le tout débouchant sur de sérieux problèmes d'estime de soi, dont on sait qu'ils sont associés à des difficultés psychologiques et relationnelles multiples ***. Mais Robert Glover rappelle

* D. Kimura, *Cerveau d'homme, cerveau de femme ?*, Paris, Odile Jacob, 2001.

** A. Pease, B. Pease, *Pourquoi les hommes n'écoutent jamais rien et les femmes ne savent pas lire les cartes routières*, Paris, First, 1999.

*** C. André, F. Lelord, *L'Estime de soi*, Paris, Odile Jacob, 1999.

très vite qu'il est inutile de se plaindre de son passé ou de ses parents, et incite plutôt son lecteur à l'action.

Car *Trop gentil pour être heureux* est enfin un livre pratique, qui propose aux chics types en mal d'affirmation de soi de nombreuses pistes pour réfléchir et surtout agir afin d'être plus heureux. Parmi les stratégies proposées et détaillées : s'affirmer, apprendre à déplaire et à décevoir, ne plus redouter les conflits... Ce programme comporte aussi des mots d'ordre encore plus imagés, comme celui de faciliter le retour des testicules *(getting your testicles back)*... Finalement, l'équation à résoudre est de savoir comment préserver la part féminine en soi, en y réinvitant le mâle. Car le machisme n'est certainement pas l'avenir du chic type, pas plus d'ailleurs que celui de toutes les autres sortes de types...

La grande question qui se pose une fois le livre terminé est tout de même celle-ci : *Trop gentil pour être heureux* est-il un livre prémonitoire ? Allons-nous tous devenir, nous autres lecteurs, des mâles mous qui auraient à se dire régulièrement face aux difficultés de l'existence : « Comment ferait un vrai mâle dans cette situation ? » Notons d'ailleurs que la perspective n'est pas plus horrifiante pour notre société que celle d'un retour au machisme, dont quelques prémisses pointent ça et là.

Car si le passage des mâles occidentaux par la case « chic type » permet d'instaurer à terme – au début, apparemment, ce n'est pas le cas, si on en juge par les déboires des chics types – entre hommes et femmes des relations plus égalitaires, harmonieuses et épanouissantes, après tout pourquoi pas ? Et puis, nous aurons toujours les conseils du bon docteur Glover pour nous en sortir...

Christophe ANDRÉ
Médecin psychiatre à l'hôpital Sainte-Anne
(Paris)

INTRODUCTION

Cinquante ans de changements sociaux spectaculaires et d'évolutions prodigieuses au sein de la famille traditionnelle ont donné naissance à une espèce d'hommes conditionnés par la recherche de l'approbation des autres.

On appelle ces hommes des chics types.

Les chics types veulent avoir l'air gentil et faire les choses comme il faut. C'est quand ils font plaisir aux autres qu'ils sont le plus heureux. Ils fuient les conflits comme la peste, s'échinent à ne contrarier personne. En général, ils sont calmes et généreux. Ils cherchent plus particulièrement à faire plaisir aux femmes et à se montrer différents des autres hommes. En résumé, ces hommes sont persuadés qu'en étant gentils, altruistes et attentionnés, ils auront droit en retour d'être heureux, aimés et comblés.

Cela vous paraît trop beau pour être vrai ?

Vous avez bien raison.

Au cours des dernières années, j'ai rencontré en tant que psychothérapeute beaucoup de chics types frustrés et aigris, luttant pour vivre le bonheur auquel ils aspirent désespérément et qu'ils sont convaincus de mériter. Leur frustration vient de ce qu'ils croient à un mythe.

Ce mythe est l'essence même du syndrome dont sont atteints ces hommes : en étant « gentils », ils seront aimés, leurs besoins seront satisfaits et ils mèneront une existence paisible. Lorsque, comme c'est fréquemment le cas, cette stratégie échoue à produire les résultats escomptés, ils continuent néanmoins, le plus souvent, de s'acharner dans la même direction. Les sentiments d'impuissance et de dépit que ce schéma ne manque pas d'engendrer expliquent que les chics types soient souvent tout sauf chics.

Mes recherches dans le domaine sont nées de la frustration que j'éprouvais moi-même à essayer de faire tout « comme il faut » sans jamais récolter les résultats escomptés. J'étais l'exemple même du « type sensible New Age » – et j'en étais fier. J'étais persuadé d'être le gars le plus gentil que la terre ait jamais porté. Et pourtant je n'étais pas heureux.

Lorsque j'ai commencé à me pencher sur mes propres comportements de chic type – celui qui est attentif à son entourage, qui donne pour obtenir, arrange toujours tout, fait régner la paix, évite le conflit, cherche l'approbation des autres et cache les erreurs –, j'ai noté que nombre de mes patients présentaient des caractéristiques similaires. Je n'étais donc pas un cas isolé, les scénarios qui guidaient ma propre vie étaient le produit d'une dynamique sociale touchant une multitude d'adultes de sexe masculin.

Rares sont les professionnels de la santé mentale à avoir pris au sérieux le syndrome du chic type et proposé une solution d'ensemble efficace à ce problème. La référence la plus ancienne en la matière est une vidéo enregistrée par Neil Scott en 1985 et intitulée *Le Chic Type et les raisons de son échec auprès des femmes*. Les autres allusions aux chics types et au syndrome qui les caractérise abordent le sujet sur un ton humoristique ou considère ces individus comme des victimes impuissantes.

Telle est la raison pour laquelle j'ai écrit ce livre.

S'appuyant sur l'expérience de ma propre guérison et sur mon travail avec nombre de mes semblables au cours des vingt dernières années, il explique à ces hommes comment faire pour se libérer des modèles stériles de la pathologie dont ils sont atteints.

Mon livre prend sans vergogne le parti des hommes. Il n'en demeure pas moins que beaucoup de femmes en ont soutenu l'écriture. Celles qui le relisent régulièrement me disent qu'il les aide à mieux comprendre leur partenaire, mais aussi à se comprendre mieux elles-mêmes.

Les informations et les outils qui vous seront présentés ici ont fait leurs preuves. Si vous êtes un chic type frustré, les principes que vous trouverez dans les pages qui suivent vous montreront comment :

- amener les autres à satisfaire vos besoins ;
- vous sentir plus puissant et confiant ;
- créer les relations intimes auquel vous aspirez ;
- exprimer vos sentiments et vos émotions ;
- vivre une sexualité épanouie et satisfaisante ;
- assumer votre masculinité et à construire des relations riches avec d'autres hommes ;
- exprimer votre potentiel et devenir créatif et efficace ;
- vous accepter tel que vous êtes.

Si vous désirez acquérir les traits de caractère décrits ci-dessus, c'est que vous avez commencé à vous libérer du syndrome du chic type. Il est temps pour vous de cesser de quêter l'approbation des autres pour obtenir ce à quoi vous aspirez dans tous les domaines de la vie.

CHAPITRE PREMIER

Le syndrome du chic type

« Je suis un chic type. L'un des plus chics qu'il vous sera jamais donné de rencontrer. » C'est par cette phrase que Jason, un chiropracteur de trente-cinq ans, entame sa première séance de thérapie individuelle. Il qualifie son existence de « parfaite » hormis un problème majeur : sa vie sexuelle. Cela fait plusieurs mois que sa femme Esther et lui n'ont aucune relation sexuelle et rien ne laisse augurer qu'un changement intervienne à brève échéance.

Jason évoque ouvertement son mariage, sa famille et sa sexualité. Cet homme affable semble heureux de l'occasion qui lui est donnée de parler de lui-même et de son quotidien.

Avant toute chose, Jason veut être aimé. Il se voit comme une personne très généreuse, toujours prête à donner aux autres. Fier de sa parfaite égalité d'humeur, il se vante de ne jamais se mettre en colère. Il déclare aimer rendre les gens heureux et détester les conflits. Pour éviter de mettre en péril son ménage, il tend à ne pas dévoiler ses sentiments et s'efforce de tout faire « comme il faut ».

Après cette entrée en matière, Jason sort une feuille de papier de sa poche et la déplie lentement : il m'explique qu'il a couché certains faits par écrit de façon à ne pas les oublier. « Je ne fais jamais les choses comme il faut, dit-il en parcourant sa liste. Peu importe le mal que je me donne, Esther trouve toujours quelque chose à y redire. Je ne mérite pas d'être traité de cette façon. Je fais tout ce que je peux pour être un bon mari et un bon père, mais ce n'est jamais assez. »

Jason marque un temps en étudiant sa liste. Puis : « Ce qui s'est passé ce matin en est une bonne illustration. Pendant qu'Esther se préparait avant d'aller travailler, j'ai réveillé notre fille Charlotte, je lui ai donné son biberon, son bain et je l'ai habillée. Je m'apprêtais à faire ma toilette quand Esther est entrée dans la pièce. À son air, j'ai tout de suite vu que ça allait barder. "Pourquoi lui as-tu mis cela ? *(Jason imite le ton de sa femme.)* Ce n'est pas comme ça qu'il faut l'habiller." Je ne savais pas qu'elle voulait que Charlotte mette autre chose. Après tout le mal que je m'étais donné, je n'avais encore pas fait ce qu'il fallait ! »

Il continue : « Voici encore un exemple. L'autre jour, j'ai nettoyé la cuisine et c'était impeccable. J'ai chargé le lave-vaisselle, récuré les casseroles et passé la serpillière. Je pensais qu'Esther me serait reconnaissante de tout ce que je faisais pour aider dans la maison. Je n'avais pas fini quand elle est arrivée. Elle m'a demandé : "Comment se fait-il que tu n'aies pas passé un coup d'éponge sur les plans de travail ?" Bon sang ! je n'avais même pas terminé ! Mais au lieu de remarquer tout ce que j'avais fait et de me remercier, elle s'est concentrée sur la seule chose que je n'avais pas achevée. »

« Et puis, il y a la "question du sexe". Avant le mariage, nous avions peu couché ensemble, parce que nous sommes l'un et l'autre des chrétiens convaincus. Le sexe compte beaucoup pour moi, mais ça n'intéresse pas du tout Esther. Je croyais qu'une fois mariés, tout irait bien. Après tout ce que je fais pour Esther, on aurait pu penser qu'elle serait prête à me donner la seule chose qui compte vraiment pour moi. »

« J'en fais plus que la plupart des hommes. J'ai l'impression de toujours donner beaucoup plus que je ne reçois. » Allongé sur le divan, Jason ressemble maintenant à un petit garçon. Il se défend : « Tout ce que je veux, c'est être aimé et apprécié. Est-ce trop demander ? »

Vous seriez étonné du nombre d'hommes semblables à Jason qui franchissent le seuil de mon cabinet. Quels que soient leur âge et leur origine sociale, ils portent tous sur le monde le même regard. Laissez-moi vous en présenter quelques-uns.

Les plus chics types qu'il vous sera jamais donné de rencontrer

Le premier but dans la vie d'Omar est de faire plaisir à son amie. Cela n'empêche pourtant pas cette dernière de se plaindre qu'il n'est jamais disponible pour elle sur le plan affectif. D'ailleurs, toutes ses petites amies précédentes lui faisaient le même reproche. Dans la mesure où Omar a l'impression de passer son temps à donner aux autres, il ne parvient pas à comprendre ces accusations. Il affirme que sa plus grande joie est de rendre les autres heureux. Il emporte même un alphapage partout avec lui afin que ses amis puissent le joindre s'ils ont besoin de quoi que ce soit.

Thierry est fier de dire qu'il traite les femmes avec honnêteté et respect. Il est persuadé que ce trait de caractère le différencie des autres hommes et qu'il est susceptible de plaire aux femmes. Bien qu'il ait de nombreuses amies, il a rarement de rendez-vous amoureux. Les femmes qu'il connaît lui disent qu'il a une capacité d'écoute formidable et l'appellent souvent pour lui raconter leurs problèmes. Il aime que l'on ait besoin de lui. Ces mêmes amies lui répètent sans cesse que la femme qui l'« attrapera » aura bien de la chance. Aussi n'arrive-t-il pas à comprendre pourquoi, en dépit de son comportement avec les femmes, celles-ci semblent toutes attirées par des « nazes » plutôt que par des chics types comme lui.

Bill est celui vers qui tout le monde se tourne en cas de besoin. Le mot « non » ne fait tout simplement pas partie de son vocabulaire. Il répare les voitures des femmes de sa paroisse ; il coache l'équipe de foot dont fait partie son fils ; ses potes l'appellent quand ils ont besoin d'un coup de main pour déménager ; chaque soir après son travail, il passe s'occuper de sa mère qui est veuve. Bien qu'il soit heureux de donner aux autres, ce qu'il reçoit ne semble jamais à la hauteur de ce qu'il donne.

La femme de Gabriel est sujette à de fréquents accès de fureur au cours desquels elle humilie son mari et le ridiculise verbalement. Par peur du conflit et parce qu'il ne veut pas fragiliser son couple, Gabriel évite d'évoquer des sujets dont il sait qu'ils risquent de provoquer la colère de sa femme. Après chaque dispute, il est toujours le premier à s'excuser. Il ne se souvient pas avoir jamais entendu sa femme lui dire qu'elle regrettait aucun de ses comportements. En dépit de ces conflits permanents, Gabriel dit qu'il aime sa femme et qu'il ferait n'importe quoi pour lui plaire.

Richard, un homosexuel d'une petite quarantaine d'années, a une relation sérieuse avec un alcoolique. Il est venu se faire aider pour pouvoir à son tour aider son partenaire à s'en sortir. Il se plaint d'avoir toujours le sentiment que c'est à lui de faire tous les efforts pour sauver leur couple. Il espère qu'en aidant son ami, il finira pas avoir la relation dont il a toujours rêvé.

Louis est un chrétien croyant et pratiquant qui s'efforce de toujours se conformer aux règles. Il enseigne le catéchisme le dimanche et fait partie des fidèles qui aident à l'église. Cependant, il lutte depuis l'adolescence contre un penchant pour la pornographie. Il se masturbe de manière compulsive, souvent trois ou quatre fois par jour. Il passe quotidiennement des heures à visiter sur l'Internet des sites pornographiques. Il est terrifié à l'idée qu'on puisse découvrir ses compulsions sexuelles, ce qui détruirait sa vie. Il s'efforce de maîtriser son problème en ayant recours à la prière et à l'étude de la Bible, bien qu'aucune de ces approches ne se soit révélée très efficace.

José, un consultant proche de la quarantaine, sort depuis cinq ans avec une femme qu'il considère comme dépendante et qui exige de lui beaucoup d'attention. Il a envisagé de rompre du jour où elle a emménagé avec lui. Cependant, il a peur qu'elle soit incapable de se débrouiller seule s'il la quittait. Il a fait plusieurs tentatives avortées en ce sens, mais son amie se transforme alors en une telle « éponge affective » qu'il finit par se mettre à nouveau avec elle. José passe le plus clair de son temps à chercher le moyen de se dégager de cette relation sans faire de mal à son amie ni avoir l'air d'un salaud.

Qui sont ces hommes ?

Uniques en leur genre, ces hommes ont néanmoins tous en commun un même scénario de vie : ils sont persuadés qu'en étant « gentils » et en faisant les choses « comme il faut », ils seront aimés, on satisfaira à leurs besoins et leur vie sera débarrassée de tout problème. Dans leur effort pour être gentils, ils cherchent presque à coup sûr à éliminer ou à cacher certains aspects de leur personnalité (leurs erreurs, leurs besoins, leurs émotions) pour devenir ce qu'ils pensent que les autres ont envie qu'ils soient (généreux, aidants, apaisants).

Le chic type, c'est le proche qui laisse sa femme faire la pluie et le beau temps à la maison. C'est le copain prêt à se jeter à l'eau pour les autres, mais dont la vie semble un désastre. C'est le gars qui frustre sa femme ou sa petite amie parce qu'il redoute tant le conflit que rien ne trouve jamais de solution. C'est le patron qui dit à l'un de ses employés ce que ce dernier a envie d'entendre, puis affirme le contraire pour faire plaisir à quelqu'un d'autre. C'est l'homme qui se laisse marcher dessus parce qu'il ne veut pas mettre en péril sa relation amoureuse. C'est le type sur qui l'on peut compter à l'église ou dans le club dont il est membre, qui ne dira jamais « non » et ne se plaindra jamais d'être envahi. C'est l'homme dont la vie semble parfaitement sous contrôle jusqu'à ce qu'un jour, boum !, il entreprenne de la détruire.

Les caractéristiques du chic type

Même s'il n'existe pas deux chics types identiques, tous présentent des caractéristiques similaires, résultats d'un scénario qui s'est souvent mis en place pendant l'enfance et qui guide leur vie. Alors que les autres hommes possèdent un ou deux de ces traits de caractère, les chics types semblent en concentrer un nombre significatif.

LES CHICS TYPES DONNENT

Ils déclarent souvent que donner aux autres les fait se sentir bien. Ils sont persuadés que leur générosité est le signe de leur bonté et qu'elle amènera les autres à les aimer et à les apprécier.

LES CHICS TYPES GÈRENT LES PROBLÈMES ET PRENNENT SOIN D'AUTRUI

Ils chercheront souvent à résoudre ou à arranger la situation (en général sans qu'on le leur demande) lorsqu'ils se trouvent confrontés à quelqu'un qui a un souci ou un besoin, qui est en colère, déprimé ou triste.

LES CHICS TYPES RECHERCHENT L'ADHÉSION DES AUTRES

Ils s'efforcent d'obtenir la validation des autres. C'est même l'une des caractéristiques universelles de cette pathologie. Tout ce que dit ou fait un chic type est à un niveau ou un autre calculé pour obtenir l'approbation ou le rejet de son entourage. C'est plus particulièrement le cas dans le cadre de ses relations avec les femmes.

LES CHICS TYPES ÉVITENT LE CONFLIT

Surtout pas de vagues, telle est leur devise. Dans ce but, ils évitent les actions qui risqueraient de troubler la fête.

LES CHICS TYPES SONT PERSUADÉS QU'ILS DOIVENT CACHER LEURS « DÉFAUTS » ET « ERREURS »

Ces hommes tremblent que les autres ne se mettent en colère contre eux, ne les ridiculise ou ne les abandonne pour peu que l'une de leurs fautes ou de leurs faiblesses se trouve exposée au grand jour.

LES CHICS TYPES CHERCHENT À FAIRE LES CHOSES « COMME IL FAUT LES FAIRE »

Ils croient qu'il existe une clef qui leur ouvrira la porte d'une vie heureuse et débarrassée de tout problème. Ils sont certains qu'à partir du moment où ils réussiront à trouver la bonne manière de tout faire, rien n'ira jamais plus de travers.

LES CHICS TYPES RÉPRIMENT LEURS SENTIMENTS

Ils ont tendance à analyser plutôt qu'à ressentir. Certains pensent que les émotions sont une perte de temps et d'énergie. Ils s'efforcent de maintenir les leurs toujours au même niveau d'équilibre.

LES CHICS TYPES CHERCHENT SOUVENT À SE DÉMARQUER DE LEUR PÈRE

Nombre de chics types disent avoir eu un père indisponible, absent, passif, irascible, coureur de jupons ou alcoolique. Il n'est pas rare que ces hommes-là prennent à un moment donné dans leur vie une décision qui soit volontairement à 180 degrés différente de celle qu'aurait pris leur père.

LES CHICS TYPES SE SENTENT SOUVENT PLUS À L'AISE EN COMPAGNIE DES FEMMES QUE DES HOMMES

Le conditionnement qu'ils ont subi pendant leur enfance fait que de nombreux chics types ont peu d'amis de sexe masculin. Ils recherchent fréquemment l'approbation des femmes et se persuadent qu'ils sont différents des autres hommes. Ils aiment croire qu'ils ne sont ni égoïstes, irritables ou grossiers – autant de traits qu'ils attribuent aux « autres » hommes.

LES CHICS TYPES ONT DU MAL À FAIRE PASSER EN PREMIER LEURS PROPRES BESOINS

Souvent, ils pensent qu'il est égoïste d'accorder la priorité à ses propres besoins. Faire passer ceux des autres avant les leurs constitue à leurs yeux une vertu.

LES CHICS TYPES FONT DE LEUR PARTENAIRE LEUR CENTRE AFFECTIF

Nombreux sont les chics types qui déclarent n'être heureux que lorsque leur partenaire l'est. Aussi consacrent-ils une immense énergie à leurs relations intimes.

Quel mal y a-t-il à être gentil ?

Nous pourrions être tentés de minimiser le problème du syndrome du chic type. Après tout, quel mal y a-t-il à être gentil ? Nous pourrions même ricaner devant les comportements de ces doux rêveurs tels qu'on les montre dans certains dessins satiriques et séries télévisées. Dans la mesure où la gent masculine forme déjà une cible facile dans notre culture, la caricature d'un homme sensible risque d'être un objet d'amusement plutôt qu'un sujet d'intérêt.

Les chics types ont eux-mêmes des difficultés à saisir la profondeur et le sérieux de leurs façons d'être et de penser. Au début de mon travail avec des patients souffrant de ce syndrome, une question revenait sans cesse : « Quel mal y a-t-il à être un chic type ? »

En collant à ces hommes l'étiquette de « chics types », je ne me réfère pas tant à leur comportement réel qu'aux fondements du système de pensée qu'ils ont élaboré à leur propos et à celui de leur entourage. Cela dit, cette appellation ne leur convient guère, car ces hommes sont en réalité souvent tout sauf chics. Voici quelques traits peu reluisants de leur caractère.

LES CHICS TYPES SONT MALHONNÊTES

Ils camouflent leurs erreurs, évitent le conflit, disent aux autres ce que ceux-ci ont envie d'entendre et répriment leurs sentiments. Ces caractéristiques font des chics types des hommes fondamentalement malhonnêtes.

LES CHICS TYPES CULTIVENT LE SECRET

Le fait d'avoir un tel besoin de l'approbation des autres les conduit à dissimuler tout ce qu'ils pensent susceptible de contrarier leur entourage. La devise du chic type est : « Si tu ne réussis pas du premier coup, cache les preuves de ton échec. »

LES CHICS TYPES COMPARTIMENTENT LEUR VIE

Ils excellent à harmoniser les informations contradictoires qui les concernent et à les classer dans différents compartiments de leur esprit. C'est ainsi qu'un homme marié pourra très bien se créer sa propre définition de la fidélité qui lui permettra de nier qu'il a eu une liaison avec sa secrétaire (ou sa stagiaire) dans la mesure où il n'y a pas eu pénétration.

LES CHICS TYPES SONT DES MANIPULATEURS

Ayant souvent du mal à faire passer leurs besoins en premier, ils ne les expriment pas de manière claire et directe. Cela engendre chez eux un sentiment d'impuissance qui les amène fréquemment à utiliser la manipulation pour satisfaire leurs désirs.

LES CHICS TYPES VEULENT TOUT MAÎTRISER

L'une de leurs priorités essentielles est de préserver l'harmonie de leur monde. C'est pourquoi ils éprouveront en permanence le besoin d'essayer de contrôler les gens et les choses qui les entourent.

LES CHICS TYPES DONNENT POUR OBTENIR EN RETOUR

Bien que ces hommes se montrent souvent généreux, leurs dons peuvent être lourds d'arrière-pensées inconscientes et inexprimées. Ils souhaitent être appréciés, ils attendent une sorte de réciprocité dans l'échange, ils veulent que l'autre cesse de leur en vouloir, etc. Les chics types déclarent souvent éprouver de la frustration ou du ressentiment lorsqu'ils font le bilan des soi-disant faibles bénéfices qu'ils retirent de l'immense générosité dont ils font preuve.

LES CHICS TYPES ONT UN TEMPÉRAMENT PASSIF-AGRESSIF

En général, ils expriment leurs insatisfactions et leur rancœur de façon indirecte, détournée, et finalement bien peu gentille. Cela se traduira par exemple par une attitude distante, distraite, inconstante, des retards, une incapacité à obtenir une érection, une tendance à l'éjaculation précoce et à la répétition de comportements désagréables alors même qu'ils ont promis de ne jamais recommencer.

LES CHICS TYPES SONT PLEIN DE RAGE

Bien que les chics types affirment ne jamais se mettre en colère, la frustration et le ressentiment qui sous-tendent leur existence provoquent chez eux un phénomène « cocotte-minute » : la fureur qu'ils répriment au plus profond d'eux-mêmes jaillit aux moments les plus inattendus et, semble-t-il, les moins appropriés.

LES CHICS TYPES ONT UNE TENDANCE À L'ADDICTION

Leur comportement addictif a pour but de soulager leur stress, de modifier leur humeur, d'apaiser leur douleur. Dans la mesure où les chics types refoulent une multitude de choses, il faut bien que celles-ci s'expriment d'une manière ou d'une autre. L'un des comportements addictifs les plus répandus chez les chics types est l'obsession sexuelle.

LES CHICS TYPES ONT DU MAL À POSER DES LIMITES

Nombre d'entre eux éprouvent des difficultés à dire « non », « stop », « je ne le ferai pas ». Ils se voient souvent comme des victimes sans défense, l'autre étant la cause de leurs problèmes.

LES CHICS TYPES SONT SOUVENT ISOLÉS

Bien qu'ils aspirent à être appréciés et aimés, les comportements qu'ils adoptent empêchent les autres d'être très proches d'eux.

LES CHICS TYPES ATTIRENT LES ENNUIS ET LES PERSONNES À PROBLÈMES

Cette attitude est souvent le résultat d'un conditionnement reçu pendant l'enfance, d'un besoin d'avoir l'air gentil et d'une quête de l'approbation des autres. Malheureusement, cette tendance est aussi, presque à coup sûr, une garantie que les chics types passeront la plupart de leur temps à jouer les pompiers et à gérer des crises.

LES CHICS TYPES SONT SOUVENT MALHEUREUX EN AMOUR

Bien qu'ils mettent très fortement l'accent sur cet aspect de leur vie, les relations amoureuses sont chez eux sources de difficultés et de frustrations.

Les chics types ont du mal à écouter ce qu'on essaie de leur dire, car ils sont trop occupés à trouver le moyen de se défendre ou de résoudre le problème de l'autre.

Leur crainte du conflit amène bien des chics types à être malhonnêtes. En outre, ils sont rarement capables d'aller jusqu'au bout d'un problème.

Les chics type nouent fréquemment des relations avec des partenaires qu'ils voient comme des « projets » ou des « diamants bruts ». Lorsque la personne ne se révèle pas être le trésor escompté, ils ont tendance à rejeter le blâme sur elle et à l'accuser de faire obstruction à leur bonheur.

LES CHICS TYPES ONT UNE SEXUALITÉ PROBLÉMATIQUE

Bien que la plupart le nient, je n'en ai pas encore rencontré qui soit satisfait de sa vie sexuelle, n'ait pas de dysfonctionnement sexuel (pas ou peu d'érection, éjaculation précoce), ou n'ait pas eu un comportement sexuel provocateur (prostitution, pornographie, masturbation compulsive, etc.).

LES CHICS TYPES NE CONNAISSENT EN GÉNÉRAL QU'UN SUCCÈS RELATIF

La majorité des chics types que j'ai rencontrés sont doués, intelligents, mais ne réussissent que modérément dans la vie. Ils échouent presque sans exception à exploiter leur potentiel.

Il avait l'air d'un type tellement chic...

Une personne non avertie peut confondre la passivité, l'amabilité et la générosité dont fait preuve le chic type avec les caractéristiques d'un homme sain. Pour de nombreuses femmes, le chic type est un idéal parce qu'il est différent des autres hommes avec lesquels elles ont été précédemment.

Malheureusement, les traits de caractère négatifs énumérés plus haut trouvent le moyen de surgir et de s'immiscer dans leurs relations personnelles, de sorte que ces hommes tendent à osciller entre gentillesse et méchanceté. J'ai entendu un nombre incalculable de femmes me décrire cet aspect Dr Jekyll et Mr Hide :

« Il peut être formidable, mais il peut aussi me blesser profondément. Il sera là pour aller chercher les enfants à l'école et préparer le dîner quand je dois faire des heures supplémentaires. Mais sans la moindre raison, il se mettra tout d'un coup dans une colère noire en me reprochant de ne pas être disponible pour lui sur le plan sexuel. »

« Tout le monde est persuadé qu'il s'agit d'un type vraiment formidable et que j'ai de la chance de l'avoir comme mari. Ils ne savent pas de quoi il est capable en réalité. Il passe son temps à aider les autres. Mais quand je lui demande de faire quelque chose, il me dit qu'il ne saura jamais me rendre heureuse, que je le harcèle et le contrôle comme sa mère. »

« Il cherche constamment à me faire plaisir. Il ferait n'importe quoi pour moi, sauf être là quand j'en ai besoin. Il m'accompagnera pour faire des courses même si je sais qu'il n'en a pas envie. En général, il passe la journée à bouder, ce qui me met très mal à l'aise. J'aimerais parfois qu'il me dise “non”. »

« Il ne veut jamais me dire qu'une chose le tracasse. Il garde ça pour lui, alors ça s'accumule en lui comme dans une cocotte-minute. Il ne me donne pas un indice qui puisse me faire comprendre qu'il est soucieux. Et tout à coup, sans raison apparente, il explose et nous finissons par nous disputer violemment. Si seulement il me parlait, tout serait plus simple. »

« Quand je lui dis qu'une chose m'ennuie, il cherche immédiatement la solution. Il est persuadé que tous mes problèmes seraient résolus si je suivais ses conseils à chaque fois. Il passe son temps à me dire que je ressasse le négatif et que rien ne me rendra jamais heureux. Tout ce que je voudrais, c'est qu'il m'écoute. »

« Après tous les minables avec lesquels j'avais été, je pensais avoir enfin rencontré un chic type, quelqu'un sur qui compter. Au bout de cinq ans de mariage, j'ai découvert qu'il était obsédé par la pornographie et qu'il allait dans les peep-shows. Ça m'a ravagée. Jamais je n'aurais pu le deviner. »

« Si seulement je pouvais, d'un coup de baguette magique, garder tous ses aspects positifs et faire disparaître tous les autres. »

L'homme vrai

Gilles est un homme agréable d'une petite cinquantaine d'années. Sa femme l'a encouragé à entamer une thérapie. Il craint cependant qu'elle ne se ravise et lui en veuille. Le groupe qu'il vient d'intégrer s'appelle en effet « Comment apprendre à cesser d'être un chic type et devenir un salaud ». Raisonnant selon une logique propre à ceux qui, comme lui, sont trop gentils, Gilles doute qu'une femme veuille qu'un homme se transforme en un type « pas chic ».

Les chics types raisonnent de manière manichéenne. Dans leur esprit, il n'existe qu'une seule alternative à la gentillesse : la vacherie ou la malveillance. Comme je le leur rappelle souvent, le contraire de fou est toujours fou ; aussi n'est-il pas question pour eux de se transformer en « sales types ».

Surmonter le syndrome du chic type ne signifie pas que l'on va passer d'un extrême à l'autre. Il s'agit plutôt d'intégrer l'ensemble des caractéristiques qui définissent la masculinité pour devenir un homme vrai.

L'intégration signifie que l'on est capable d'accepter tous les aspects de sa personnalité. On sait prendre en compte tout ce qui fait de soi un être unique : pouvoir, assurance, courage et passions, mais également imperfections, erreurs et zones d'ombre.

L'homme accompli possède un grand nombre des attributs suivants.

Il a un fort sentiment de soi. Il ne souhaite pas être quelqu'un d'autre.

Il assume ses propres désirs.

Il est à l'aise avec sa masculinité et sa sexualité.

Il est intègre. Il fait ce qui est juste, et non pas ce qui est opportun.

Il a envie de pourvoir aux besoins de son entourage, de protéger ceux qui comptent pour lui.

Il est clair, direct et exprime ses sentiments.

Il est capable de se soucier des autres et de leur

donner sans chercher pour autant à les prendre en charge ou à résoudre leurs problèmes.

Il sait fixer des limites et ne craint pas le conflit dans la recherche d'une solution.

Un homme vrai ne recherche pas la perfection ni l'approbation des autres. À l'inverse, il s'accepte tel qu'il est, avec tous ses défauts. Il assume le fait d'être parfaitement imparfait.

Passer du chic type à l'homme vrai implique une transformation qui n'intervient pas si l'on se contente d'essayer simplement d'être encore plus gentil. Pour se libérer de ce syndrome, il faut porter sur soi et sur le monde un regard totalement différent, modifier de fond en comble son paradigme personnel.

Le paradigme inutile du chic type

Les paradigmes sont comme des cartes routières. Nous les consultons pour effectuer le voyage de la vie. Chacun les utilise en étant persuadé que la sienne est à jour et précise.

Les paradigmes opèrent souvent à un niveau inconscient. Pourtant, ils déterminent très largement nos attitudes et nos comportements. Ils sont le filtre au travers duquel nous assimilons les expériences. Les données qui ne correspondent pas à ce filtre sont évacuées et n'atteignent jamais notre conscience. En revanche, les informations qui s'inscrivent dans notre paradigme sont magnifiées par le processus et viennent étayer encore plus solidement notre façon de penser.

Les paradigmes, comme les cartes routières, peuvent être des outils extraordinaires pour nous faire progresser plus vite. Malheureusement, pour peu qu'ils soient faux ou dépassés, ils peuvent nous orienter dans la mauvaise direction ou nous faire tourner en rond dans un environnement qui semble familier. Lorsque cela se produit, nous déployons une énergie renouvelée pour atteindre notre but final tout en éprouvant un sentiment croissant de frustration. L'individu qui obéit à un tel paradigme est persuadé, contrairement à son entourage, que son comportement est parfaitement sensé.

La plupart des paradigmes se mettent en place lorsque nous sommes jeunes, naïfs et relativement désarmés. Ils s'appuient souvent sur de fausses interprétations d'expériences enfantines. Dans la mesure où ils opèrent en général à un niveau inconscient, il est rare qu'ils soient réévaluées ou mis à jour. On pense donc, hélas, qu'ils sont exacts, alors qu'ils ne le sont pas.

Le paradigme à l'œuvre chez le chic type est le suivant : *si* je réussis à dissimuler mes faiblesses et à devenir ce que je pense que les autres voudraient que je sois, *alors* je serai aimé, mes besoins seront satisfaits et je vivrai tranquille.

Même lorsque ce paradigme se révèle inopérant, les chics types ne voient qu'une solution : redoubler d'efforts pour qu'il fonctionne.

Il est de notoriété publique que si les chics types apprennent lentement, ils oublient très vite dès lors que leurs paradigmes sont remis en question. Ils ont tendance à s'accrocher à un système de pensée qui, bien qu'il se soit révélé, de manière répétée, inefficace, se trouve enraciné à une telle profondeur dans leur inconscient que le récuser équivaudrait à une hérésie. Il leur est donc difficile d'envisager un autre comportement.

Jason, dont j'ai évoqué les difficultés sexuelles au début de ce chapitre, illustre la frustration que peut engendrer un paradigme inefficace. Son père était un perfectionniste, il voulait tout contrôler et nourrissait à l'égard de ses enfants des attentes irréalistes. Quelle que fût la situation, cet homme était convaincu qu'il n'y avait qu'une seule manière de procéder : la sienne. La mère de Jason était une femme dépendante sur le plan affectif. Elle vivait au travers de ses enfants. Lorsqu'elle était en manque d'affection, elle reportait ses besoins sur eux. Mais si ceux-ci éprouvaient des besoins, elle était en général trop perturbée sur le plan émotionnel pour y répondre.

Jason apprit donc à digérer ses expériences enfantines en développant un paradigme qui incluait les données suivantes. Il se persuada que s'il parvenait à trouver le moyen de tout faire comme il faut, il réussirait à obtenir l'approbation de son père et à éviter les critiques. Il crut également qu'en satisfaisant les besoins de sa mère, en se montrant attentif et prévenant, elle serait disponible pour répondre à ses attentes. Et il se convainquit qu'en ne posant jamais le moindre problème, il obtiendrait l'amour et l'approbation des autres. Enfin, il se persuada qu'en dissimulant ses erreurs, personne ne se mettrait jamais en colère contre lui.

Enfant, il était trop naïf et désarmé pour comprendre que, quel que soit son comportement, il n'arriverait jamais à la hauteur des attentes paternelles. De même, il aurait beau se montrer d'une générosité infinie, sa mère avait de tels besoins qu'elle ne serait jamais disponible pour le materner. Enfin, quelle que soit sa capacité à cacher ses défauts et ses erreurs, les gens risqueraient toujours de s'emporter contre lui.

Même lorsque la carte routière héritée de son enfance se révéla incapable de le conduire dans la direction souhaitée, l'unique option qui s'offrit à lui fut de redoubler d'efforts pour persévérer dans le même comportement. Le seul résultat auquel soit jamais parvenu son paradigme fut de le distraire des sentiments de peur, d'inutilité et d'inadaptation qu'il éprouvait.

Adulte, Jason essaya d'appliquer le paradigme de son enfance à ses relations avec sa femme. Comme sa mère, celle-ci ne lui prêtait attention que lorsqu'elle était en manque d'affection. Et comme son père, elle le critiquait et voulait tout contrôler. En appliquant la carte de son enfance à son mariage – en s'efforçant donc de tout faire comme il faut, d'être attentif et prévenant, de ne jamais être un problème, et de dissimuler ses erreurs –, Jason créa l'illusion qu'il réussirait à faire en sorte que sa femme ait une constante bonne opinion de lui, soit tout le temps prête à répondre à ses désirs sexuels et ne se mette jamais en colère contre lui. Ce paradigme boiteux l'empêcha de voir qu'en dépit de tous les efforts qu'il déploierait, sa femme se montrerait parfois distante, critique, indisponible – et qu'il en avait peut-être besoin.

Changer

L'épisode de la série télévisée *Seinfeld* que je préfère est celui où George décide de transformer sa vie en adoptant un comportement à l'opposé de celui qu'il aurait eu en temps normal. Curieusement, en faisant tout à l'envers, il récolte une petite amie magnifique et un boulot chez les Yankees. Faire le contraire de ce que l'on fait d'habitude ne permet pas nécessairement de se libérer du syndrome du chic type. Il n'en est pas moins indispensable de changer certains comportements.

Comme dans le cas de George, lorsque les chics types décident de changer, on assiste à l'apparition de phénomènes intéressants :

Ils s'acceptent tels qu'ils sont.

Ils tirent la leçon de leurs erreurs.

Ils cessent de rechercher l'approbation d'autrui.

Ils sont heureux en amour et en amitié.

Ils font passer leurs propres besoins au premier plan.

Ils rencontrent des gens capables et désireux de les aider à satisfaire leurs besoins.

Ils apprennent à donner judicieusement et sans engagement.

Ils affrontent leurs peurs.

Ils sont plus intègres et honnêtes.

Ils fixent des limites.

Ils construisent des relations riches avec les autres hommes.

Ils créent des relations plus saines et plus satisfaisantes avec les femmes.

Ils vivent et expriment leurs sentiments.
Ils affrontent les problèmes au lieu de les éviter.
Ils développent des relations sexuelles épanouissantes.
Ils acceptent les changements complexes qui font partie de la vie.

Demander de l'aide

Les chics types sont persuadés qu'ils devraient être capables de tout faire par eux-mêmes. Comme ils rechignent à demander de l'aide, ils cachent le moindre signe d'imperfection ou de faiblesse. Se libérer du syndrome du chic type implique de renverser ce mode de fonctionnement.

La réussite dépend de la capacité à révéler son moi profond et à recevoir le soutien de personnes de confiance. Ce dernier point est essentiel.

J'encourage les hommes en phase de rétablissement à entamer leur cure en s'appuyant sur un thérapeute, une thérapie de groupe, un groupe de parole, un guide spirituel ou un ami proche. Dans la mesure où les chics types on tendance à rechercher l'approbation des femmes, je les incite vivement à commencer le processus avec des hommes, même si, pour certains d'entre eux, le concept d'« homme de confiance » relève de l'oxymore.

J'anime depuis plusieurs années des séances de thérapie de groupe pour des hommes en cours de traitement. Certains des moments les plus significatifs de ma propre guérison (avant même que j'aie compris que j'avais souffert du syndrome du chic type) sont intervenus dans le cadre de groupes de parole et de thérapies de groupe. Bien que je sois convaincu qu'il est possible de s'en sortir sans l'aide d'un groupe, c'est néanmoins l'outil le plus efficace que je connaisse pour aider au processus de rétablissement.

Je propose dans ce livre de nombreux « travaux pratiques ». Ces exercices visent à faciliter la transformation paradigmatique nécessaire à la réussite de la cure. Ils aideront les chics types à comprendre l'origine de leur paradigme et leur permettront de remplacer celui-ci par des formules plus justes et plus actuelles. Ils leur donneront aussi des pistes pour commencer à se comporter différemment.

Deux avertissements avant de commencer

Le programme de guérison proposé dans ce livre ne doit pas être essayé à la légère. Il implique en effet un changement radical de perspective et de comportement. Appliqué à moitié, il risquerait de ne générer que des souffrances inutiles.

Se libérer du syndrome du chic type entraîne une modification significative des relations personnelles. Si vous êtes en couple, invitez donc votre partenaire à lire ce livre qui la/le concerne aussi. Bien que votre partenaire vous encourage à changer de façon positive, les changements risquent au début de l'effrayer. Lire ensemble ce livre peut faciliter la transition.

TRAVAUX PRATIQUES

Notez le nom de trois personnes ou groupes de confiance susceptibles de vous soutenir dans votre démarche.

Si personne ne vous vient à l'esprit, cherchez dans l'annuaire le nom de thérapeutes ou de groupes de soutien. Relevez leurs coordonnées et appelez-les dès que vous aurez terminé ce chapitre. S'il existe un service social dans votre entreprise, cela peut être une autre piste. Si vous connaissez quelqu'un qui suit ou a suivi une thérapie, ou qui fait partie d'un groupe de parole, renseignez-vous auprès de lui (ou d'elle). L'Internet peut également vous fournir une liste de ces groupes.

Pour quelles raisons, une personne douée de bon sens pourrait-elle vouloir gommer ou dissimuler certains aspects de sa personnalité et essayer de devenir quelqu'un d'autre sans y être poussée par une raison irrésistible ? Pourquoi les gens tentent-ils de changer ce qu'ils sont vraiment ?

Prenez un moment pour y réfléchir. Cela correspond-il à votre comportement ou à celui de quelqu'un de votre connaissance ?

CHAPITRE II

Comment devient-on un chic type ?

Le précédent chapitre s'achevait sur deux questions : une personne douée de bon sens gommerait-elle ou dissimulerait-elle certains aspects de sa personnalité et chercherait-elle à devenir quelqu'un d'autre si elle n'y était poussée par une raison impérieuse ? Pourquoi certains tentent-ils de changer ce qu'ils sont vraiment ?

Il n'existe à mon avis qu'une seule réponse à ces questions : on n'accepte pas qu'un garçon ou un homme se contente d'être lui-même. En devenant des chics types, ils réussissent à surmonter des situations dans lesquelles ils ne se sentiraient ni en sécurité ni à l'aise s'ils se montraient tels qu'ils sont. En outre, seul un enfant ou un adulte persuadé qu'il est mauvais et/ou dangereux se sentira poussé à sacrifier son moi profond en essayant d'être quelqu'un d'autre.

Pendant leur jeunesse, les chics types ont reçu de leur famille ou de leur entourage des messages leur disant qu'il n'était ni prudent, ni acceptable, ni souhaitable d'être soi-même et de le rester. Comment ont-ils interprété ces messages et pourquoi y ont-ils répondu de cette façon ? Dans les pages qui suivent, je vais donner un bref aperçu de la manière dont les familles et la société transforment de parfaits petits garçons en hommes persuadés qu'il faut être « gentil » pour être aimé.

Surmonter l'abandon

La période de la vie pendant laquelle l'être humain est le plus impressionnable va de la naissance jusqu'à l'âge de cinq ans environ. Au cours de ces cinq premières années, l'entourage marque la personnalité de l'enfant de la façon la plus significative. C'est à ce moment que ses paradigmes se mettent en place. Dans la mesure où les influences les plus fortes sont celles des parents et de la famille élargie, c'est là où nous devons commencer à chercher les origines du syndrome du chic type.

Il y a deux faits importants à comprendre à propos des enfants. Tout d'abord, lorsqu'ils viennent au monde, ils sont totalement sans défense. Ils dépendent des autres, qui sont là pour identifier leurs besoins et y pourvoir au moment voulu et de manière appropriée. La peur de l'abandon, qui constitue la première peur des enfants, est le résultat de cette dépendance. Pour eux, l'abandon est synonyme de mort.

Il faut savoir ensuite que les enfants sont centrés sur leur ego. Cela signifie qu'ils sont intrinsèquement persuadés d'être le centre de l'univers et que tout tourne autour d'eux. Aussi pensent-ils qu'ils sont la cause de tout ce qui leur arrive.

La combinaison de ces deux facteurs – peur de l'abandon et égocentrisme – produit une dynamique puissante en chacun de nous. Quel que soit l'abandon qu'il subit, un enfant pensera toujours qu'il en est la cause. Voici quelques exemples de ce qu'il peut vivre : il a faim et personne ne lui donne à manger ; il pleure et personne ne le prend dans ses bras ; il est seul et personne ne lui prête attention ; l'un de ses parents se met en colère contre lui ; ou le néglige ; ou nourrit envers lui des attentes irréalistes ; ou se sert de lui pour satisfaire à ses propres besoins ; ou le ridiculise pour lui faire honte ; ou le bat ; ou ne veut pas de lui ; ou le laisse et ne vient pas le reprendre à l'heure convenue.

Le monde dans lequel nous vivons et toutes les familles qui le composent étant imparfaits, les enfants font tous l'expérience de l'abandon. Même si la conviction d'être la cause de ces événements douloureux est une interprétation incorrecte de leur vie, ils n'ont pas d'autre moyen de comprendre la réalité qui les entoure.

La honte toxique

Ces expériences d'abandon, ainsi que l'interprétation naïve et égocentrique qui en est faite, vont amener certains jeunes enfants à croire qu'il n'est pas acceptable pour eux de continuer d'être ce qu'ils sont. Ils pensent que quelque chose en eux ne va pas et pousse les personnes qui comptent dans leur vie à les abandonner. Ils n'ont pas d'autre moyen de comprendre qu'ils ne sont pas à l'origine des abandons qu'ils subissent, mais que ceux-ci sont causés par ceux qui sont censés identifier leurs besoins et y répondre.

Ce contresens engendre un état psychologique appelé « honte toxique » : l'individu croit qu'il est profondément mauvais, anormal, différent ou indigne d'être aimé. Il ne se contente pas de penser qu'il se comporte mal, il a aussi l'intime conviction d'être lui-même mauvais.

Les mécanismes de survie

En réponse à ces expériences d'abandon et à la lecture erronée des événements qu'ils traversent, tous les enfants développent des mécanismes destinés à les aider à atteindre trois objectifs très importants : surmonter le malaise émotionnel et physique provoqué par l'abandon ;

empêcher la répétition d'événements identiques ; dissimuler aux autres et à eux-mêmes la honte toxique (ou ce qu'ils perçoivent comme les traits négatifs de leur personnalité) qu'ils ont intériorisée.

Dans cette perspective, les enfants réussissent à élaborer un ensemble de dispositifs très créatifs. Dans la mesure où leur compréhension, leur expérience et leurs ressources sont limitées, leurs mécanismes de survie sont souvent inefficaces et parfois même, en apparence, illogiques. Par exemple, un enfant qui se sent seul pourra mal se conduire pour attirer d'une façon négative l'attention de ses parents sur lui. Même s'il peut sembler incohérent d'adopter un comportement qui risque de déboucher sur des représailles douloureuses, les conséquences apparaîtront moins pénibles que le fait de se sentir seul ou rejeté.

Essayer d'être « gentil » – c'est-à-dire devenir ce qu'il pense que les autres voudraient qu'il soit – n'est que l'un des nombreux scénarios possibles qui surgiront dans la tête d'un petit garçon en réponse à l'abandon et à la honte toxique.

L'origine du paradigme du chic type

Quand j'ai commencé à réfléchir à mes propres attitudes et comportements, j'étais convaincu de venir d'une famille formidable et d'avoir eu une vie plutôt satisfaisante. Puis, en observant chez d'autres hommes des traits de caractère proches des miens, j'ai constaté la même incompréhension quant aux origines de leurs schémas émotionnels et comportementaux.

Interrogés sur leur enfance, les chics types disent en général avoir grandi dans une famille « parfaite », « formidable », « sans problème », ou « semblable à n'importe quelle autre ». Il n'empêche qu'ils ont appris à dissimuler leurs points faibles et ont essayé de devenir ce qu'ils pensaient que les autres voulaient qu'ils soient. Ces éléments indiquent qu'à un moment ou à un autre des premières années de leur existence, les circonstances étaient loin d'être idéales.

Prenez Alain, Jason et José. Ce sont trois chics types. Ils ont vécu des expériences différentes pendant leur enfance. Chacun est unique au sens où son rôle de chic type s'est inscrit dans sa vie d'adulte. En dépit de ces différences, ils ont tous les trois développé durant l'enfance l'intime conviction qu'ils ne convenaient pas tels qu'ils étaient. En réponse à l'intériorisation de la honte toxique qu'il éprouvait, chacun a mis au point un paradigme de vie comprenant la recherche de l'approbation des autres et la dissimulation de ses prétendus défauts. Ces hommes étaient persuadés que ces stratégies étaient nécessaires s'ils voulaient espérer un jour être aimés, voir leurs besoins comblés et mener une existence paisible.

Alain est l'aîné de trois enfants dans une famille monoparentale. Il se vante de n'avoir jamais causé le moindre chagrin à sa mère. Petit, il avait de bons résultats à l'école et en éducation physique. Il était convaincu que, différent en cela de son frère et de sa sœur, il faisait la fierté de sa mère. Il fut aussi le premier de la famille à obtenir un diplôme de l'enseignement supérieur, autre facteur qui, pensait-il, faisait de lui un être à part.

Le père d'Alain était un alcoolique au comportement abusif qui avait abandonné sa famille quand l'enfant avait sept ans. Très jeune, Alain résolut de se montrer diamétralement différent de son père. Il mit par conséquent un point d'honneur à être patient, généreux et équilibré, se donnant le plus grand mal pour ne jamais se mettre en colère ni humilier son entourage. Très impliqué dans un groupe paroissial, il ne toucha jamais ni à la boisson ni à la drogue pendant son adolescence.

La mère d'Alain, une chrétienne fondamentaliste, avait élevé son fils dans une secte qui croyait aux feux de l'enfer. Alain en vint à penser qu'il était « pécheur » parce qu'il avait des pensées, des impulsions et des comportements normaux. Bien que s'échinant à montrer qu'il était un bon chrétien, il vivait constamment avec la peur de commettre une faute qui lui vaudrait la damnation éternelle.

Alain était persuadé que sa mère était une sainte. Elle était prête à tout pour ses enfants, qu'elle écoutait sans les critiquer. Souvent, Alain et elle se lamentaient ensemble sur toutes les « vilaines » actions que son père avait commises.

À plusieurs reprises, sa mère lui confia qu'elle s'efforçait d'élever ses enfants pour qu'ils soient différents de leur père. Elle voulait qu'ils deviennent des adultes altruistes, pacifiques et respectueux des femmes. Aujourd'hui, Alain est toujours aussi proche de sa mère et fait tout ce qu'il peut pour lui faciliter l'existence.

Jason, que nous avons croisé au chapitre précédent, est convaincu d'avoir grandi dans une famille idéale. En réalité, ses deux parents ont vécu au travers de leurs enfants. Ils se servaient de Jason et de ses frères et sœurs pour satisfaire leurs propres besoins.

Jason est persuadé que ses parents étaient « parfaits ». Il les décrit comme stricts et excessivement protecteurs. Il reconnaît cependant avoir été protégé et naïf sur le plan sexuel et admet qu'il a peut-être été étouffé par ses parents.

Le père de Jason veillait de près sur les destinées de la famille et continue, aujourd'hui encore, de vouloir diriger la vie de son fils. Les deux hommes partageaient le même cabinet de chiropractie et le père, qui était à la tête de l'affaire, lui disait quelle maison acheter, quelle voiture conduire et dans quelle paroisse se rendre.

Jason dit de sa mère que c'était « une femme merveilleuse et aimante ». Selon lui, elle consacrait son temps à ses enfants. Sans amis personnels, elle se tournait vers sa progéniture qui lui fournissait de la compagnie et la valorisait.

Jason ne se souvient pas que ses parents aient manifesté beaucoup d'affection l'un envers l'autre. Il ne les imaginait pas faisant l'amour et se demandait comment ils avaient réussi à avoir trois enfants. Même s'ils faisaient de nombreuses activités en famille, il ne se rappelle pas qu'ils soient jamais sortis ou aient pris des vacances rien que tous les deux.

Devenu adulte à son tour, Jason s'est efforcé d'être à la hauteur de l'image de perfection incarnée par ses parents : bon mari, bon père, bon chrétien et bon professionnel. En dépit de tous ses efforts, il a pourtant toujours le sentiment de ne pas être à sa place et d'être moins bien que ses parents.

José a peur des relations intimes. Après de brillantes études, il poursuit une carrière de consultant, stressante et de haut vol. Très actif physiquement, il consacre ses loisirs à faire des randonnées à vélo ou de l'escalade. Il a toujours maîtrisé sa colère et essayé de ne jamais prononcer de paroles susceptibles de contrarier qui que ce soit. Il a conscience de vouloir tout contrôler et reconnaît que sa drogue préférée est « la reconnaissance ».

José est attiré par les femmes dépendantes et a même remarqué avec intérêt qu'il semble particulièrement aller vers les victimes d'inceste. Il ne met pas fin à sa relation actuelle parce qu'il se fait du souci pour la situation financière de son amie : il craint qu'elle ne s'en sorte pas s'il la quitte.

José reconnaît volontiers être issu d'une famille dysfonctionnelle. Cadet d'une fratrie de sept enfants dans une famille issue du milieu ouvrier, il a assumé à quatorze ans un rôle de parent auprès de ses frères et sœurs plus jeunes. Il raconte que sa famille était un chaos infini et qu'il pensait que son rôle était de protéger les petits des conséquences de cette situation.

José décrit son père comme une personnalité colérique, autoritaire et abusive. Il s'emportait violemment envers ses fils qu'il humiliait, et abusait sexuellement de ses filles.

La mère de José était maniaco-dépressive. Elle sautait d'une humeur à l'autre en un clin d'œil et abandonnait régulièrement le traitement qu'elle était censée suivre. Lorsqu'elle était en phase maniaque, la maison était impeccable, elle parlait d'inviter des personnalités politiques et les notables locaux, et se lançait dans des relations sexuelles destructrices. En phase dépressive, en revanche, elle n'ouvrait plus les volets, la maison se transformait en chantier et elle menaçait de se suicider. À quinze ans, José avait dû enfoncer une porte fermée à clef pour s'emparer de l'arme chargée que sa mère avait dirigé contre elle-même. Elle avait déclaré devant ses sept enfants pétrifiés qu'elle allait mettre fin à ses jours. Pour José, ce scénario est représentatif de son enfance.

José s'est donné le plus grand mal pour prendre ses distances par rapport aux siens. Ceux-ci le mettent sur un piédestal et il est celui vers lequel tout le monde se tourne en cas de problème. Au sein de sa famille, il est chargé de faire face au chaos ; dans son travail, sa mission de consultant est de faire face au chaos ; dans ses relations sentimentales, son rôle est de faire face au chaos. Ce chaos, il en a besoin.

José considère que son intelligence naturelle, son éthique de travail et ses capacités à résoudre les problèmes constituent « la grâce qui le sauve ». Il est persuadé que ces facteurs lui ont permis d'échapper au dysfonctionnement familial et de s'épanouir. Sans cela, il aurait fini exactement comme ses parents et ses autres frères et sœurs.

Le B A-BA du développement infantile

Alain, Jason et José ont vécu des enfances très différentes et pourtant ils ont mis en place un script similaire qui a guidé leur vie. Ils ont, chacun à sa manière, intériorisé l'idée qu'ils n'étaient pas bien tels qu'ils étaient et leur survie a dépendu de leur capacité à devenir quelqu'un d'autre. Afin de mieux comprendre comment trois vécus infantiles très différents ont pu être à l'origine de trois paradigmes de vie très semblables, passons rapidement en revue les principales caractéristiques du développement de l'enfant présentées plus haut dans ce chapitre.

Les enfants naissent tous totalement démunis.

L'abandon est la plus grande peur d'un enfant.

Tous les enfants sont égocentriques.

Lorsque les besoins d'un enfant ne sont pas satisfaits en temps utile et de la manière qui convient, il éprouve un sentiment récurrent d'abandon.

Un enfant qui se sent abandonné pensera toujours qu'il est la cause de l'abandon.

Cette erreur naïve d'interprétation génère une honte toxique : la conviction d'être « méchant ».

Les enfants développent des mécanismes de survie pour faire face au sentiment d'abandon qu'ils éprouvent, pour empêcher que celui-ci ne survienne à nouveau et pour dissimuler leur « méchanceté » aux autres et à eux-mêmes.

Ces mécanismes reflètent l'impuissance inhérente à l'enfant ainsi que le regard naïf qu'il porte sur lui-même et sur le monde.

Comment des petits garçons parfaits deviennent des chics types

Les principes énoncés ci-dessus s'appliquent à ce qu'Alain, Jason, José et tous les autres chics types décrits dans ce livre ont vécu pendant leur enfance. Le passage de petit garçon parfait à chic type se fait globalement en trois étapes : abandon, intériorisation de la honte toxique et élaboration de mécanismes de survie.

L'ABANDON

Comme tous les chics types, Alain, Jason et José ont subi plusieurs sortes d'abandon.

L'un des deux parents d'Alain et de José était agressif et critique, et leur transmettait le message qu'ils n'étaient pas « à la hauteur ».

Alain adulait sa mère, mais elle n'intervenait pas lorsque son père le battait. Cela sous-entendait donc qu'il ne méritait pas d'être protégé. Il en vint à penser qu'il devait se démarquer de son père s'il voulait être quelqu'un de bien et digne de l'amour de sa mère.

Alain et Jason étaient transformés en objets par leurs parents. On les appréciait parce qu'ils faisaient toujours ce qu'il fallait et ne posaient jamais de problèmes. Ils en ont retiré l'idée qu'ils ne méritaient d'être aimés que lorsqu'ils satisfaisaient aux attentes de leurs parents.

Dans la mesure où Jason était convaincu de la « perfection » de ses parents, il s'est toujours senti imparfait et incompétent par rapport à eux.

Ni le père ni la mère de José ne l'ont jamais guidé, réconforté ou soutenu. Cela a fait naître en lui l'idée qu'il n'avait que peu ou pas de valeur à leurs yeux.

Alain et Jason ont été élevés au sein de communautés religieuses fondamentalistes qui ont renforcé chez eux la nécessité d'être parfaits et sans péchés, sous peine d'encourir une punition éternelle.

José était persuadé qu'il ne serait apprécié qu'à la condition de se démarquer de sa famille de fous.

Tous trois pensaient que les besoins d'autrui étaient plus importants que les leurs propres. C'est une caractéristique récurrente chez les chics types.

Ces différents ressentis représentent une forme d'abandon parce qu'ils ont donné à ces petits garçons l'impression qu'ils ne « convenaient » pas tels qu'ils étaient.

LA HONTE

Que l'on ait abusé d'eux ou qu'on les ait abandonnés, négligés, humiliés, utilisés, étouffés, contraints ou transformés en objet, tous les chics types ont intériorisé la même conviction : il est dangereux d'être soi-même.

Certains de ces messages ont été communiqués ouvertement par des parents qui ne se souciaient absolument pas du bien-être de leur enfant. D'autres ont été transmis indirectement par des parents aimants mais trop jeunes, dépassés ou distraits pour fournir à leur enfant un environnement sain. Parfois, ils se sont propagés du fait de circonstances que personne n'était capable de contrôler.

À chaque fois, l'enfant était persuadé que les événements et les circonstances en question étaient liés à lui. Il pensait qu'il portait la responsabilité de leur survenue. Faisant appel à la logique enfantine, il concluait : « Il doit y avoir en moi quelque chose de mauvais parce que… [*complétez*]

– Personne ne vient lorsque je pleure.
– Maman a l'air désespéré.
– Papa est parti et n'est jamais revenu.
– Maman fait tout pour moi.
– Papa me hurle dessus.
– Je ne suis pas aussi parfait que Maman et Papa.
– Je ne rends pas Maman heureuse. »

Ces impressions infantiles ont aussi amené le jeune garçon à croire que : « Je ne suis gentil et on ne m'aime que lorsque… [*complétez*]

– Je suis différent de Papa.
– Maman a besoin de moi.

– Je ne fais aucune erreur.
– Je suis bon à l'école.
– Je suis heureux.
– Je ne ressemble pas à mon frère.
– Je ne cause de problèmes à personne.
– Je rends mes parents heureux. »

LES MÉCANISMES DE SURVIE

En réaction au sentiment d'abandon éprouvé de façon répétée au cours de leur enfance et à la mauvaise interprétation qu'ils ont faite de ces événements, tous les chics types mettent au point des mécanismes de survie. Ces mécanismes prennent la forme paradigmatique suivante : *si* je réussis à cacher mes défauts et à devenir ce que je pense que les autres veulent que je sois, *alors* on m'aimera, on satisfera à mes besoins et je coulerai des jours heureux.

C'est ce paradigme, formé pendant l'enfance, qui guide et contrôle toutes les actions des chics types devenus adultes. Bien que fondée sur des interprétations biaisées d'événements passés, c'est la seule carte routière dont ils disposent. Ils sont convaincus que cette carte est juste et qu'en la suivant correctement, ils devraient atteindre le but dont ils rêvent. Les chics types s'acharnent donc le plus souvent à reproduire ce script inadéquat, continuant de se comporter de la même façon en espérant parvenir à des résultats différents.

« Je ne vaux rien » et « Je suis le meilleur » : les deux sortes de chics types

Les mécanismes de survie mis au point par les chics types pour surmonter leur sentiment d'abandon et la honte toxique qu'ils ont intériorisés prennent en général deux formes. Dans la première, le chic type exagère la honte toxique et se persuade que personne au monde n'est pire que lui. C'est le modèle « je ne vaux rien ».

Cet homme est sûr que tout le monde voit combien il est méchant. Il est capable de donner des exemples du mauvais comportement qui a été le sien pendant son enfance, son adolescence et à l'âge adulte pour étayer cette certitude profonde qu'il a de lui-même : il raconte comment il a cassé des vitres et s'est fait battre quand il était petit ; il révèle comment, adolescent, il a bravé la loi et fait pleuré sa mère ; plus tard, il évoque un passé d'abus de cigarettes, d'alcool et de drogues. Il est persuadé que pour avoir une petite chance d'être heureux il lui faut cacher sa méchanceté intrinsèque. Il ne croit pas vraiment qu'il réussira à tromper qui que ce soit en adoptant la *persona* du chic type, mais il se dit qu'il n'a pas le choix.

La seconde sorte de chic type est constituée de ceux qui se répètent : « Je suis le meilleur. » Cet homme fait face à la honte toxique en réprimant la conviction profonde qu'il a de son absence de valeur. Il est sûr d'être l'un des types les plus charmants qu'il vous sera jamais donné de rencontrer. S'il a conscience de certains de ses défauts, il se dit qu'ils sont mineurs et qu'il les corrigera facilement. Enfant, il n'a jamais posé le moindre problème. Adolescent, il faisait tout ce qu'on attendait de lui. Et adulte, il suit toutes les règles au pied de la lettre. Ce chic type-là a dissimulé sa honte toxique au plus profond de lui-même, dans un compartiment sous vide enfoui dans les méandres de son inconscient. Il la masque en se persuadant que toutes les bonnes actions qu'il entreprend font de lui quelqu'un de bien.

Bien que les deux sortes de chics types diffèrent sur le plan de la conscience qu'ils ont de leur honte toxique, ils opèrent tous les deux à partir du même paradigme. Tous sont convaincus de ne pas convenir tels qu'ils sont et de devoir par conséquent masquer leurs faiblesses pour devenir ce qu'ils pensent que les autres attendent qu'ils soient. Ils ne sont pourtant ni aussi méchants ni aussi gentils qu'ils s'imaginent l'être. Ce sont simplement des âmes blessées qui opèrent à partir d'un système de pensée fondé sur une mauvaise perception des événements de leur enfance.

TRAVAUX PRATIQUES

Il est impossible de nommer tous les facteurs susceptibles de pousser un jeune garçon à essayer de cacher ce qu'il perçoit comme des défauts et à chercher l'approbation des autres. Je ne crois pas que de révéler en pleine lumière tout ce qui a un jour donné à un chic type un sentiment d'insécurité ou celui d'être mauvais soit indispensable. Mais je me suis aperçu que comprendre ne serait-ce que partiellement quelle était l'origine d'un scénario de vie permettait de modifier celui-ci.

Relisez les histoires d'Alain, Jason et José. Demandez-vous en quoi elles ressemblent aux expériences que vous avez vous-même vécues pendant votre enfance. Sur une feuille de papier ou dans un cahier, notez ou illustrez les messages émanant de votre famille qui semblaient indiquer que vous ne pouviez pas vous contenter d'être tout simplement vous-même. Ce faisant, relevez les sentiments que vous éprouvez. Vous sentez-vous triste, en colère, seul ou indifférent ?

Le but de cet exercice est de nommer plutôt que de reprocher. Les reproches ne vous feront pas avancer. En identifiant les expériences vécues pendant votre enfance, vous réussirez à remplacer les messages que vous pensez avoir reçus par d'autres messages qui correspondent davantage à la réalité. Vous contribuerez ainsi à modifier votre propre script.

La génération du baby-boom et l'homme sensible

Tous les enfants ont un jour éprouvé un sentiment d'abandon. Celui-ci peut prendre différentes formes et les enfants l'interprètent et y répondent de multiples façons. Comme on l'a vu, devenir un chic type n'est que l'une des nombreuses réactions possibles à ce sentiment. Les expériences enfantines décrites ci-dessus ne sont sans doute pas suffisantes en elles-mêmes pour expliquer la foule de chics types que je croise régulièrement.

Je ne doute pas que le chic type ait toujours existé. Il y a toujours eu des Don Quichotte fantasmant leurs aventures du fond de leur fauteuil. Je suis persuadé qu'on n'a jamais manqué de « fils à sa maman » ni de maris menés par le bout du nez. Je crois enfin que de nombreux petits garçons jouissent d'un tempérament pacifique et généreux à la naissance et deviennent plus tard des hommes pacifiques et généreux. Mais au terme de longues années passées à travailler avec des hommes, j'ai acquis la certitude qu'une combinaison unique de facteurs sociaux s'est vu rassemblée au cours des cinq dernières décennies pour produire une pléthore de chics types, et ce, dans des proportions encore jamais atteintes auparavant.

Pour bien saisir ce phénomène, nous devons prendre en ligne de compte une série de changements sociaux significatifs qui se sont apparus au tournant du XXe siècle et se sont accélérés après la Seconde Guerre mondiale. Je relèverais notamment le passage d'une société agricole à une économie industrielle ; l'exode rural ; l'absence des pères au foyer ; l'augmentation des divorces, des familles monoparentales et de celles dont le chef est une femme ; la libération de la femme et le féminisme ; la révolution sexuelle.

Ces événements se sont combinés entre eux pour produire un impact essentiel sur les petits garçons des pays industrialisés à notre époque. Ils ont créé trois dynamiques profondes qui ont contribué à diffuser le phénomène du syndrome du chic type au sein de la génération des baby-boomers.

Les garçons ont été séparés de leur père et d'autres modèles masculins significatifs. À la suite de cela, les hommes ont été déconnectés de leurs semblables en général et n'ont plus su avec précision ce que signifiait d'être un homme.

Les garçons ont été élevés par des femmes. La responsabilité de transformer les garçons en hommes a été laissée aux mères et à un système éducatif dominé par les femmes. Les hommes ont donc pris l'habitude de se voir définir par des femmes et se sont mis à dépendre de l'approbation de ces dernières.

Le féminisme radical a affirmé que les hommes étaient mauvais et/ou inutiles. Le message véhiculé par ce mouvement a ancré encore plus profondément l'idée chez nombre d'hommes que pour être aimés et voir leurs besoins satisfaits, ils devaient devenir ce qu'ils pensaient que les femmes voulaient qu'ils soient. Pour eux, cela signifiait dissimuler tous les traits qui pouvaient les amener à être qualifiés de « mauvais ».

Brève histoire du XXe siècle

Je voudrais faire ici un rappel de la dynamique des changements sociaux intervenus dans la seconde moitié du XXe siècle qui ont notamment débouché sur l'abondante récolte de chics types que l'on peut faire aujourd'hui dans nos sociétés.

LA PERTE DES PÈRES

Le passage à une société manufacturière et les migrations urbaines dans les années d'après-guerre ont éloigné en masse les pères de leurs fils. Selon les chiffres des recensements américains, en 1910 une famille sur trois vivait dans une ferme ; en 1940, le chiffre est tombé à une sur cinq ; et en 1970, 96 % des foyers vivaient en milieu urbain.

Dans la société rurale, les garçons créaient des liens avec leur père en travaillant à leurs côtés dans les champs. Cela impliquait souvent aussi des contacts avec la famille élargie, formée des grands-pères, des oncles et des cousins. Ces relations quotidiennes avec d'autres hommes fournissaient aux garçons des modèles intimes de masculinité. Certains apprenaient à être des hommes en observant leur père tout comme ce dernier l'avait appris en regardant faire son propre père. À mesure que les familles ont migré vers les villes et les banlieues après la Seconde Guerre mondiale, le contact entre pères et fils a diminué de manière significative. Les pères quittaient la maison le matin pour aller travailler. La plupart des garçons ne voyaient jamais leur père exercer son activité et celui-ci n'avait que peu de temps à leur consacrer.

Les pères s'éloignèrent également d'autres façons. La dépendance des hommes à leur travail, à la télévision, à l'alcool et au sexe les sépara de leurs fils. Les statistiques des recensements montrent que le nombre des divorces, aux États-Unis, a été multiplié par trois entre 1940 et 1970. En 1940, à peine plus de cinq millions de foyers étaient dirigés par des femmes. En 1970, ce chiffre avait presque triplé pour atteindre plus de treize millions de foyers*.

En général, les chics types avec lesquels j'ai travaillé disent n'avoir pas bénéficié de relations proches et solides avec leur père durant leur enfance. C'était parfois la conséquence des longues heures que ce dernier passait au bureau, de son attitude renfermée ou

* Bien que les statistiques données par l'auteur concernent les États-Unis, les tendances sont les mêmes dans tous les pays industrialisés. *(NdT.)*

passive. Les chics types décrivent plus souvent leurs pères en termes négatifs que positifs : ils cherchaient à exercer leur contrôle sur leur fils, faisaient preuve d'un comportement agressif, coléreux, abusif ou addictif, étaient absents, indisponibles ou multipliaient les aventures. Il n'est pas rare qu'à un moment donné de leur enfance les chics types aient consciemment décidé d'être différents de leur père.

L'indisponibilité des pères à cette époque a par conséquent amené les mères à prendre le relais et à assumer leur rôle. Les femmes ont de fait hérité de la mission de transformer les garçons en hommes. Malheureusement, même les mères les plus attentionnées du monde ne disposent pas des outils nécessaires pour apprendre à leurs fils à devenir tout seuls des hommes. Cela ne les a pas empêché de persévérer en ce sens.

Je suis persuadé que le nombre important de chics types produits par les années 1940, 1950 et 1960 est le résultat direct du fait que ce sont les mères – et non plus les pères – qui se sont mises à enseigner à leurs fils comment être des hommes. Quantité de chics types ont donc adopté une perspective féminine de la masculinité et n'éprouvent aucune difficulté à voir celle-ci définie par des femmes.

UN SYSTÈME ÉDUCATIF DOMINÉ PAR LES FEMMES

Le système scolaire contemporain a également renforcé la prépondérance du rôle des femmes dans l'éducation des garçons. Depuis la Seconde Guerre mondiale, ceux-ci ont été scolarisés dans des établissements dominés par un personnel féminin. Pour la plupart d'entre eux, les premières années scolaires se transforment en entraînement destiné à apprendre à plaire aux femmes. Du jardin d'enfants à la fin du primaire, je n'ai eu qu'un seul maître pour six maîtresses. Cela correspond tout à fait aux normes que l'on trouve au niveau national.

Les hommes forment un quart du personnel enseignant aux États-Unis. Dans le primaire, ils ne représentent que 15 % de l'effectif et ce nombre est en baisse constante. Des premières formes de garde (assistante maternelle ou crèche) à l'école élémentaire et au primaire, les petits garçons de l'après-guerre ont été entourés par des femmes et n'ont eu que peu d'adultes hommes pour les aider à traverser cette période de la vie. Pour peu qu'un garçon se soit déjà éloigné de son père et qu'il ait été entraîné à faire plaisir aux femmes, le système scolaire amplifie encore ce conditionnement.

LE MOUVEMENT DE LIBÉRATION DES FEMMES

À partir des années 1960, un nombre croissant de femmes s'est mis à travailler en dehors du foyer. La contraception a permis une nouvelle liberté. Le mouvement de libération de la femme était en gestation. À l'ère du « baby-boom », certaines prévoyaient déjà l'avènement d'une époque de changements dans la distribution des rôles entre hommes et femmes. Elles entreprirent de préparer leurs fils et leurs filles aux transformations qu'elles apercevaient à l'horizon. Beaucoup apprirent aux filles se passer d'un homme. Parallèlement, elles poussèrent les garçons à se différencier de leur père et à se montrer pacifiques, généreux, nourriciers et attentifs aux besoins des femmes.

Le féminisme radical des années 1960 et 1970 projeta des revendications agressives et généralisatrices sur les hommes. Certaines féministes affirmèrent avec force que les hommes étaient la cause de tous les problèmes de la planète. D'autres déclarèrent qu'ils étaient une nuisance inutile, point à la ligne. Il est probable que la majorité des femmes de l'époque ne nourrissaient pas de telles pensées à l'égard des hommes. Il n'en demeure pas moins que la voix de ces femmes en colère portait suffisamment pour contribuer à créer un climat social qui convainquit de nombreux hommes qu'il y avait en eux quelque chose qui n'allait pas et qu'ils devaient changer.

Des slogans tels que « les hommes sont des porcs » et « tous les hommes sont des violeurs en puissance » dominaient l'époque. Certaines déclarations féministes moins virulentes affirmaient qu'« une femme a besoin d'un homme comme un poisson d'une bicyclette ». Les hommes, qui étaient déjà conditionnés à trouver auprès des femmes définition et approbation, furent particulièrement influencés par ce genre de messages. Cela les poussa encore plus à essayer de comprendre ce que les femmes voulaient qu'ils soient et à le devenir afin d'en être aimés et d'obtenir la satisfaction de leurs propres besoins.

Le mâle doux et l'homme-enfant

Robert Bly, l'auteur de *L'Homme sauvage et l'enfant*, décrit comment les changements sociaux du « baby-boom » ont créé un nouveau type d'hommes. Il les appelle les « mâles doux ». « Charmants et souvent de grande valeur, écrit-il, ils ne rêvent pas plus de déclencher des guerres qu'ils ne veulent nuire à la planète : leur être comme leur mode d'existence reflètent la profonde déférence qu'ils témoignent aux forces de la vie. Mais beaucoup de ces hommes ne sont pas heureux. On s'aperçoit très vite qu'ils manquent d'énergie : ils chérissent, protègent la vie, mais semblent eux-mêmes dénués de toute aura vivifiante. Curieusement, ils sont souvent accompagnés de femmes vigoureuses qui, elles, débordent d'énergie. Quiconque côtoie ces jeunes gens a donc l'impression de contempler des êtres magnifiquement adaptés, écologiquement supérieurs à leurs pères, résonnant à l'unisson de l'harmonie universelle, mais n'ayant guère de vitalité à offrir à leurs proches. »

Adoptant une perspective différente, Camille Paglia réfléchit à la manière dont les changements sociaux des cinquante dernières années ont entraîné une modification du rôle des hommes et des femmes : « La femme énergique et battante doit changer de *personae (sic)* en arrivant à la maison. Il lui faut rétrograder de peur de castrer tous les occupants du foyer. De nombreuses femmes blanches de la classe moyenne ont résolu ce dilemme en se trouvant un homme-enfant gentil et malléable qui se transforme en un autre fils dans la famille matriarcale subliminale. »

Que l'on nomme ces hommes « mâles doux », « hommes sensibles de l'époque New Age » ou « chics types », la combinaison unique de certains faits de société après la Seconde Guerre mondiale a renforcé et magnifié le message que nombre de petits garçons avaient déjà reçu de leur famille : ils ne seraient jamais des types biens tant qu'ils resteraient tels qu'ils étaient. Ces événements ont ancré encore plus profondément en eux la conviction qu'ils devaient dissimuler leurs faiblesses et devenir conformes à ce que les autres (et en particulier les femmes) voulaient qu'ils soient s'ils voulaient être heureux.

Ce conditionnement n'a pas pris fin avec la génération du « baby-boom ». Je vois un nombre croissant de jeunes gens d'une vingtaine d'années et même d'adolescents offrir toutes les caractéristiques du syndrome du chic type. Ces hommes ont non seulement été affectés par toutes les dynamiques sociales que je viens d'énumérer, mais ils ont en outre été plus nombreux qu'avant à grandir au sein de familles monoparentales ou à être élevés par des pères qui étaient eux-mêmes des chics types. D'après moi, nous sommes aujourd'hui au début de la troisième génération de chics types.

Des habitudes masculines totalement inefficaces

Le conditionnement familial et social que je viens de décrire a eu pour conséquence de pousser les chics types à se battre pour obtenir ce qu'ils désiraient en amour et dans la vie. Mais du fait de la honte qu'ils éprouvent et des mécanismes de survie dépassés qu'ils mettent en œuvre, la carte routière qu'ils consultent les induit en erreur. C'est frustrant. Cependant, au lieu d'adopter un comportement différent, leur paradigme vital fait qu'ils persévèrent dans la même direction et agissent toujours de manière identique. C'est pourquoi je préviens souvent les chics types : « Si vous continuez de vous comporter comme vous l'avez toujours fait, vous n'obtiendrez que ce que vous avez toujours eu. »

COMMENT LES CHICS TYPES S'EMPÊCHENT D'OBTENIR CE QU'ILS VEULENT

Ils recherchent l'approbation des autres.

Ils s'efforcent de dissimuler ce qu'ils prennent pour des faiblesses ou des erreurs.

Ils font passer les besoins et désirs des autres avant les leurs.

Ils sacrifient leur pouvoir personnel et jouent les victimes.

Ils se dissocient des autres hommes et de leur propre énergie masculine.

Ils sont à l'origine de relations totalement insatisfaisantes.

Ils se placent dans des situations qui ne leur permettent pas de jouir d'une sexualité épanouissante.

Ils sont incapables de vivre à la hauteur de leurs espérances.

CHAPITRE III

Apprendre à se faire plaisir

« Je suis un caméléon, raconte Thierry, un chic type célibataire âgé de trente ans. Pour être aimé, je suis capable d'être tout ce que je pense que mon interlocuteur s'attend à ce que je sois. Avec mes amis cultivés, je fais des remarques intelligentes et j'utilise des mots ronflants. En présence de ma mère, j'incarne le fils idéal. Avec mon père, je parle de sport. Avec mes collègues de bureau, je jure et je prends l'air cool. Mais sous ces masques, je ne suis pas certain de savoir qui je suis vraiment ni si les uns ou les autres m'aimeraient ainsi. J'ai peur de me retrouver seul si je me montre un jour incapable de deviner ce que les autres veulent que je sois. Et pourtant c'est étrange, je me sens quand même seul la plupart du temps. »

Tous les faits et gestes du chic type sont calculés, consciemment ou non, pour obtenir l'approbation d'autrui ou pour éviter sa réprobation. Il recherche une validation externe dans presque toutes ses relations et les situations sociales, même de la part d'inconnus ou de personnes qu'il n'aime pas. Thierry est l'exemple même de l'homme qui, à la suite de l'intériorisation de sa honte toxique, s'est persuadé qu'il lui fallait devenir ce qu'il pensait que les autres souhaitaient qu'il fût.

La quête d'une validation externe n'est que l'un des divers moyens utilisés par les chics types pour faire exactement l'opposé de ce qui marche. En essayant de plaire à chacun, ils finissent souvent par contrarier tout le monde – à commencer par eux.

Une perpétuelle quête d'approbation

Persuadé qu'en étant lui-même il ne peut pas être quelqu'un de bien, le chic type trouve d'innombrables biais pour se convaincre et convaincre les autres qu'il est aimable et estimable. Selon les cas, il sera obsédé par sa personne (apparence physique, dons, intelligence), ou par ses actions (gentillesse, talents de danseur, capacité de travail), ou par quelque chose d'extérieur (femme séduisante, enfants charmants, belle voiture), afin d'en retirer le sentiment de sa propre valeur et de gagner l'approbation des autres.

Je qualifie d'*attachements* ces mécanismes de recherche d'estime. Les chics types attachent leur identité et leur mérite à ces éléments et les utilisent pour se convaincre eux-mêmes et persuader les autres de leur propre valeur. Privés de ces attachements, ils sont incapables de déterminer quels autres aspects de leur personnalité seraient susceptibles d'amener les autres à les aimer. Être un chic type représente pour eux l'attachement ultime. Ils sont intimement persuadés que c'est leur acharnement à être « gentils » et à agir « comme il faut » qui les valorise et rachète l'intime conviction qu'ils ont d'être mauvais.

La honte toxique empêche les chics types de comprendre que les autres pourraient les apprécier et les aimer tels qu'ils sont. Convaincus d'être mauvais (même si le chic type de la catégorie « je suis le meilleur » n'en a pas conscience, cette idée gît au cœur de son être), ils croient en outre que ceux qui seraient amenés à les connaître vraiment découvriraient la même chose. S'attacher à ce qui leur confère le sentiment de leur valeur et obtenir l'approbation des autres leur paraît dès lors essentiel pour pouvoir un jour être aimés, voir leurs besoins satisfaits et mener une vie tranquille.

TRAVAUX PRATIQUES

J'ai distribué des questionnaires à plusieurs groupes de chics types et demandé aux participants d'indiquer les attachements auxquels ils avaient recours pour essayer de gagner l'adhésion de leur entourage. Ce qui suit est un florilège des réponses obtenues. Étudiez cette liste. Notez ce qui correspond à votre manière de rechercher l'approbation. Ajoutez à cette liste les comportements qui vous sont propres et donnez des exemples pour chaque cas. Demandez à votre entourage de vous dire en quoi ils ont l'impression que vous êtes en quête de leur approbation.

- Être toujours bien coiffé.
- Être intelligent.
- Parler d'une voix agréable et douce.
- Avoir l'air généreux.
- Être différent des autres hommes.
- Rester sobre.
- Être en forme physiquement.
- Danser à la perfection.
- Être un bon amant.
- Ne jamais se mettre en colère.
- Faire plaisir aux autres.
- Être un bon professionnel.
- Avoir une voiture propre.
- Être bien habillé.
- Être gentil.
- Respecter les femmes.
- Ne jamais déplaire à qui que ce soit.
- Avoir l'air d'être un bon mari.

Comment les chics types utilisent leurs attachements

La manière dont Charles se sert de ses attachements pour obtenir l'approbation des autres est caractéristique du chic type. C'est en effet au travers de sa bonne humeur permanente, de sa belle voiture, de son bon goût vestimentaire, de sa petite fille adorable et de sa femme séduisante que cet homme recherche la validation de son entourage.

Ainsi, Charles aime mettre une jolie robe à sa fillette de quatorze mois et l'emmener jouer au parc. Du moment où il commence à l'habiller, il attache inconsciemment le sentiment qu'il a de sa valeur et de son identité à la reconnaissance qu'il pense recevoir en se montrant un « bon père ». Il sait que lorsqu'il se promènera avec sa fille, les gens dans la rue souriront en la regardant. Il entendra des commentaires sur « la mignonne petite fille et son papa en train de se promener ». Des passants l'arrêteront pour lui demander son âge, d'autres s'émerveilleront devant le petit ange. Ces marques d'attention donnent à Charles une bonne opinion de lui-même.

L'ironie, c'est que personne n'apprécie particulièrement Charles pour ses attachements. Sa dépendance à l'approbation des autres empêche même ceux-ci de le connaître tel qu'il est. Tout ce qu'il fait n'a rien à voir avec sa véritable personnalité. C'est pourtant, pense-t-il, ce qui lui donne son identité et sa valeur.

Rechercher l'approbation des femmes

Si les chics types recherchent une validation externe dans presque toutes les situations sociales, cette quête est plus particulièrement prononcée dans leurs relations avec les femmes. Ils interprètent en effet l'approbation féminine comme la reconnaissance ultime de leur valeur. Les signes de cette approbation peuvent prendre la forme d'un désir de relations sexuelles, d'un comportement provocateur, d'un sourire, d'un geste ou d'une attention. À l'autre extrémité du spectre, pour peu qu'une femme se montre déprimée, de mauvaise humeur ou en colère, les chics types y verront la preuve qu'elle les rejette et les désapprouve.

D'où plusieurs conséquences négatives.

Rechercher l'approbation d'une femme pousse les chics types à être constamment à l'affût de la disponibilité éventuelle de cette femme. « Disponibilité éventuelle » est une expression utilisée pour décrire la mesure subjective de la disponibilité sexuelle d'une femme. Les chics types envisagent le sexe comme la forme ultime de l'acceptation et sont persuadés qu'une femme doit être de bonne humeur pour consentir à une relation sexuelle. Ils veilleront donc en permanence à ne rien faire qui soit susceptible de contrarier l'objet de leur désir. De plus, si la femme de leurs rêves se montre en colère, déprimée, contrariée, ils sont persuadés qu'il leur incombe d'agir rapidement – mentir, trouver une solution, se sacrifier, manipuler – pour arranger la situation.

La disponibilité éventuelle va bien au-delà du sexe. Dans la mesure où les chics types ont été conditionnés par leur famille et par la société pour ne jamais contrarier les femmes, ils sont aussi extrêmement attentifs à s'adapter aux humeurs et à exaucer les moindres désirs de celles avec lesquelles ils n'ont pourtant pas la moindre intention d'aller au lit.

En recherchant l'approbation des femmes, les chics types confient à celles-ci le pouvoir de donner le ton de la relation. Ils ne cessent de dire que leurs propres humeurs sont liées à celles de leur partenaire. Si elle est heureuse et en forme, il en ira de même pour eux. Si elle est en colère, déprimée ou stressée, ils s'inquiéteront tant qu'elle n'ira pas mieux. Ce lien est si profond que nombre de chics types m'ont confié qu'ils se sentaient coupables d'être de bonne humeur quand leur partenaire ne l'était pas.

Rechercher l'approbation des femmes donne à ces dernières le pouvoir de définir les hommes et de déterminer leur valeur. Un chic type sera disposé à croire la femme qui lui soutient qu'il a « tort » ou qu'il est « naze ». Même s'il conteste son jugement, il sait au fond de lui qu'elle doit avoir raison puisque c'est une femme.

Rechercher l'approbation des femmes engendre un sentiment de colère envers elles. Bien que les chics types déclarent en général « aimer » les femmes, il serait plus exact de dire que la majorité d'entre eux éprouvent une colère immense à leur égard. Cela tient au fait que nous tendons à mépriser tout ce que nous adorons. Lorsque nos dieux échouent à nous apporter les réponses que nous attendons, nous, êtres humains, répondons souvent de deux manières : soit nous intensifions sans réfléchir nos actes d'adoration, soit nous nous laissons aller à une colère vertueuse. Après que les chics types ont placé une femme – ou les femmes – sur un piédestal et se sont efforcés d'obtenir leur approbation, vient le moment où l'objet de leur culte se révèle incapable de répondre à leurs attentes : l'adoration se transforme alors en fureur. C'est pourquoi il n'est pas rare d'entendre un chic type professer son amour éternel pour une femme et l'instant d'après la qualifier de « sale pute ».

Les chics types homosexuels sont tout aussi sensibles à l'approbation des femmes que les hétéros : tant qu'ils se persuadent qu'ils ne sont pas sexuellement attirés par les femmes, il peuvent se mentir à eux-mêmes en pensant que les femmes n'ont aucun pouvoir sur eux.

TRAVAUX PRATIQUES

Réfléchissez aux propositions suivantes :

Si vous vous fichiez de ce que pensent les autres, en quoi votre vie s'en trouverait-elle transformée ?

Si vous arrêtiez de chercher à obtenir coûte que coûte l'approbation des femmes, en quoi vos relations avec le sexe opposé seraient-elles différentes ?

Les rois de l'esbroufe

À neuf ans, mon fils Stéphane a un jour malencontreusement troué le revêtement de la table de la cuisine avec un stylo à bille. Quand il se rendit compte de ce qui s'était passé, il alla tout de suite chercher sa mère pour lui montrer l'étendue du désastre. Stéphane éprouvait une honte justifiée et saine à l'égard de ce qu'il avait fait. Il savait qu'il avait abîmé la table. Il savait aussi qu'il lui fallait en assumer la responsabilité. Et surtout, il savait qu'il n'était pas méchant pour autant.

Si, enfant ou même adulte, j'avais fait la même chose que lui, j'aurais eu un accès de honte toxique qui m'aurait poussé à essayer de cacher ou de nier ce que j'avais fait. J'aurais été convaincu qu'on allait m'en vouloir ou cesser de m'aimer. J'aurais vécu avec ce secret, lequel aurait cohabité avec la peur constante d'être percé à jour.

Nombre de chics types m'ont confié se sentir concernés par l'histoire de mon fils. Ils ont tous admis sans exception qu'ils auraient agi à l'inverse de Stéphane et essayé de dissimuler leur bêtise.

Comme on l'a vu, tous les actes d'un chic type sont calculés pour gagner l'approbation de son entourage ou éviter ses reproches. Dans la mesure où les chics types sont convaincus de ne pas pouvoir se montrer sous leur vrai jour, ils voient dans chacune de leurs erreurs ou ce qu'ils perçoivent comme leurs faiblesses, la preuve qu'ils sont mauvais et indignes d'amour. Ils sont persuadés que la personne qui les verra tels qu'ils sont leur fera du mal, les ridiculisera ou les abandonnera. Par conséquent, ils sont les champions du monde en matière de camouflage.

Les chics types pensent qu'ils doivent dissimuler ce qu'ils estiment être des faiblesses ou distraire l'attention d'autrui quand :

- ils oublient quelque chose ;
- ils sont en retard ;
- ils cassent un objet ;
- ils ne comprennent pas quelque chose ;
- ils ne font pas les choses correctement ;
- ils sont déprimés ;
- ils éprouvent du chagrin ;
- ils échouent.

Ce besoin de dissimuler leurs faits et gestes est souvent le plus prononcé lorsque sont concernés des aspects généraux de la condition humaine, par exemple ceux qui prouvent :

- qu'ils ont des besoins sexuels ;
- qu'ils ont des fonctions corporelles ;
- qu'ils vieillissent ;
- qu'ils perdent leurs cheveux ;
- qu'ils ont des besoins ;
- qu'ils sont imparfaits.

TRAVAUX PRATIQUES

Étudiez les deux listes ci-dessus. Donnez des exemples de situations où vous avez essayé de dissimuler ou de distraire l'attention de votre entourage de l'une ou l'autre de vos soi-disant faiblesses. Dans quelle mesure pensez-vous avoir réussi à cacher ces faits aux gens que vous aimez ?

Dissimuler les preuves

Dès lors qu'il s'agit de masquer leurs prétendues faiblesses et erreurs, les chics types se montrent très créatifs. Parmi leurs stratagèmes, on trouve les suivants :

MENTIR

La plupart des chics types se vantent d'être honnêtes et dignes de confiance. En réalité, ils sont foncièrement malhonnêtes. Ils raconteront des mensonges, des demi-vérités, et omettront de divulguer certaines informations s'ils pensent que cela permettra d'éviter que l'on dirige son attention sur eux de façon négative.

FALSIFIER LES COMPTES

Les chics types qui se donnent tant de mal à être gentils, généreux et attentifs aux autres sont persuadés que leurs bonnes actions compensent tout le tort qu'ils pourraient causer. Ils croient notamment qu'en adoptant un comportement conforme à ce qu'on attend d'eux la plupart du temps, personne ne remarquera les petites erreurs qu'ils pourraient commettre.

RÉPARER

Les personnalités matures assument la responsabilité de leurs actes. Lorsqu'elles commettent une faute ou agissent de façon inappropriée, elles s'excusent, font amende honorable ou réparent les dommages qu'elles ont causés. À l'inverse, les chics types cherchent à se racheter et à arranger la situation en faisant l'impossible pour que l'autre ne soit plus contrarié.

SE DÉFENDRE, S'EXPLIQUER, PRÉSENTER SES EXCUSES ET RAISONNER

Fondés sur la peur, ces quatre comportements ont pour but de distraire l'attention des autres et éviter qu'on ne se concentre sur ses propres erreurs et son incompétence. Le chic type sera tenté de réagir ainsi lorsqu'une personne (en général sa femme, sa partenaire ou son patron) lui reproche d'avoir fait ou omis de faire quelque chose.

RETOURNER LA SITUATION

Le chic type éprouve de la honte lorsqu'il déclenche la colère de son interlocuteur ou si l'on met le doigt sur ses faiblesses ou ses erreurs. Pour tenter de détourner son attention et celles des autres de son incompétence, il cherchera à retourner la situation en adoptant un comportement destiné à susciter la honte de l'autre. Je qualifie cela de *dumping par la honte*. Cette stratégie inconsciente s'appuie sur la conviction qu'en réussissant à détourner l'attention vers les défauts de l'autre, le chic type ne se trouvera plus sous les projecteurs. Certaines des techniques les plus utilisées sont la honte, l'évocation du passé, la dérobade et l'énumération des faiblesses de l'autre.

CONSTRUIRE UN MUR ENTRE SOI ET LES AUTRES

Les chics types construisent des murs destinés à empêcher les autres de les approcher de trop près. On comprendra que cela ait des répercussions sur leur capacité à partager leur intimité tout en les protégeant des conséquences qu'ils auraient à subir s'ils étaient percés à jour. Ces murs peuvent prendre la forme d'addictions (envers la nourriture, le sexe, la télévision, le travail, etc.), de traits d'humour, de sarcasmes, d'une intellectualisation, de perfectionnisme, ou encore d'isolement.

Des hommes téflon

Quels que soient les efforts déployés par les chics types pour avoir l'air gentil et amener les autres à les aimer, leurs stratagèmes de défense maintiennent l'entourage à distance. Comme souvent, ces comportements inconscients aboutissent au résultat inverse de celui auquel aspirent désespérément ces hommes. Alors qu'ils recherchent l'amour et l'intimité, leurs attitudes forment comme un bouclier invisible qui empêche qu'on les approche.

Les chics types ont du mal à comprendre que l'on ne recherche pas la perfection chez l'autre. Les gens sont attirés par des centres d'intérêts communs, des problèmes partagés et l'énergie vitale que dégage un individu.

Les êtres humains communiquent. En cachant son humanité et en essayant de projeter l'image de la perfection, on devient flou, anguille, sans vie et sans intérêt. Je qualifie souvent les chics types d'hommes téflon. Ils se donnent tellement de mal pour paraître lisses que plus rien n'adhère.

Malheureusement, ce revêtement téflon fait qu'il est difficile d'être proche d'eux. Car ce sont en réalité les angles saillants et les imperfections humaines qui rendent possible le lien entre les êtres.

L'autosatisfaction

Guérir du syndrome du chic type implique une modification de ses paradigmes fondamentaux. Au lieu de rechercher une validation extérieure et de fuir la réprobation, les chics types sur le chemin de la désintoxication doivent d'abord partir en quête de leur propre approbation.

Curieusement, lorsque ces hommes commencent à se faire plaisir, ils se mettent à faire l'expérience de cette intimité et de ce lien avec autrui qu'ils espéraient depuis toujours. Pour faciliter le processus de guérison, les chics types peuvent : identifier de quelle façon ils recherchent l'approbation des autres ; prendre soin d'eux-mêmes ; se féliciter et s'encourager ; passer de longs moments seuls ; se confier à des personnes dont ils sont sûrs.

TRAVAUX PRATIQUES

Réfléchissez aux questions suivantes :

Croyez-vous que l'on puisse percevoir vos imperfections et continuer néanmoins de vous aimer ?

En quoi seriez-vous différent si vous étiez sûr que les personnes qui vous apprécient ne vous quitteraient ni ne cesseraient de vous aimer quoi qu'il advienne ?

Prendre conscience de ses propres comportements

Aussi étrange que cela puisse paraître, les chics types doivent apprendre à être eux-mêmes. Pour ce faire, ils peuvent notamment commencer par être attentifs à leur propre comportement lorsqu'ils cherchent à impressionner ou à obtenir l'approbation d'autrui. Ils noteront alors le temps démesuré qu'ils passent à se coiffer, à nettoyer la cuisine, à se promener au parc avec leurs enfants, ou tout simplement de quelle manière ils tiennent la porte aux autres – tout cela dans le but d'attirer l'attention et les compliments.

À mesure qu'ils prendront conscience du temps et de

l'énergie dépensés à quêter l'approbation des autres, ils deviendront capables de goûter à la plénitude de l'existence. Ils se tourneront vers eux-mêmes au lieu de trouver à l'extérieur l'acceptation et la reconnaissance auxquelles ils aspirent. Ils deviendront alors capables de se poser certaines questions essentielles : « Qu'est-ce que je veux ? », « Qu'est-ce qui me plaît ? », « Qu'est-ce qui me rend heureux ? »

J'ai évoqué plus haut le cas de Charles pour illustrer la façon dont les chics types se servent des « attachements » externes afin d'éprouver le sentiment de leur propre valeur. Lors d'une séance de thérapie individuelle, j'ai demandé à Charles de dresser la liste de ce qu'il faisait pour obtenir l'approbation des autres. À la séance suivante, il apportait une liste de deux pages. Je l'encourageai à choisir un attachement dans la liste et à observer attentivement la façon dont il l'utilisait pour se valoriser.

Charles décida de se concentrer sur sa voiture. Il la bichonnait et elle était impeccable aussi bien à l'extérieur qu'à l'intérieur. Il croyait que cela impressionnait les autres et qu'on l'appréciait grâce à cela. Il prit la décision de ne pas la laver et de ne pas passer l'aspirateur pendant un mois. Ce faisant, il serait attentif à ses propres sentiments comme à l'attitude de son entourage face à un tel comportement.

Charles habitait une zone urbaine et pluvieuse : sa voiture se couvrit bientôt d'un voile gris à cause de la pluie et de la poussière de la rue. Il dut souvent lutter contre la tentation de la laver. Dès qu'il était au volant, il était convaincu que les passants observaient cette voiture immonde et le jugeaient. Lorsqu'il se rendait sur son lieu de travail ou chez un ami, il s'attendait à ce qu'on le tourne en ridicule. Quand sa fille se mit à faire des dessins avec son doigt sur la carrosserie pleine de poussière, il faillit craquer.

À la fin du mois, Charles se sentit soulagé de pouvoir laver sa voiture et de la passer à la peau de chamois.

Aussi étonnant que cela puisse paraître, personne n'avait fait le moindre commentaire sur la saleté du véhicule pendant le mois écoulé ; personne n'avait non plus cessé de l'aimer ni changé d'avis à son sujet. De même, on ne l'aima pas davantage et il ne se fit pas plus d'amis lorsqu'au bout d'un mois il put de nouveau laver et polir sa voiture.

TRAVAUX PRATIQUES

Reprenez la liste des comportements destinés à gagner l'approbation des autres qui figure en début de chapitre. Choisissez-en un dont vous vous servez pour rechercher une validation extérieure et agissez de l'une des deux façons suivantes :

1. Appliquez un moratoire à ce comportement. Décidez d'un laps de temps pendant lequel vous ne l'adopterez pas. Expliquez à vos proches ce que vous faites. Si vous craquez, parlez-en à quelqu'un de confiance. Utilisez votre défaillance pour essayer de comprendre pourquoi, à ce moment précis, vous avez éprouvé le besoin de rechercher une approbation extérieure.
2. Exagérez consciemment ce comportement. Cela ne paraît peut-être pas logique, mais c'est un moyen efficace pour explorer un comportement dysfonctionnel. Notez ce que vous ressentez lorsque vous redoublez d'efforts pour obtenir une validation extérieure.

Prendre soin de sa personne

Il est indispensable de prendre soin de soi si l'on veut modifier l'opinion que l'on a de sa propre personne. Si un chic type est persuadé de sa faible valeur, le comportement qu'il adoptera envers lui-même reflétera cette conviction. Lorsqu'un chic type en voie de guérison commence consciemment à se faire du bien, ses actes sous-entendent qu'il découvre l'estime qu'il se porte.

Quand j'évoque ce point, mes patients sont souvent incapables de penser à plus d'une ou deux façons de se faire plaisir. Nous y réfléchissons alors ensemble et dressons la liste de ce qu'ils peuvent faire. Cela va de petites choses comme boire de l'eau fraîche quand il fait chaud ou prendre soin de sa personne, à des plaisirs plus coûteux comme faire un voyage ou acheter la voiture de ses rêves. Voici une petite sélection : faire de l'exercice, s'inscrire dans une salle de sport, marcher ; manger équilibré ; dormir tout son soûl ; se détendre, jouer, faire l'idiot ; se faire masser ; sortir avec ses copains ; s'acheter une nouvelle paire de chaussures ; faire cirer ses chaussures ; aller chez le dentiste pour soigner des caries que l'on a négligées ; faire un bilan de santé ; écouter de la musique.

Au début, le chic type se sentira souvent mal à l'aise d'écouter ses désirs et de les satisfaire. Peut-être même éprouvera-t-il de la peur, de l'anxiété, de la culpabilité, ou aura-t-il l'impression de ne plus très bien savoir qui il est. Ces sentiments sont le résultat d'une *dissonance cognitive*.

Par le simple fait de se faire plaisir, le chic type sous-entend qu'il a de la valeur. D'où un conflit avec le sentiment profond qu'il a de n'être bon à rien. Il en résulte une impression de dissonance : deux messages contraires entrent en collision. Avec le temps, l'un des sentiments l'emportera sur l'autre. J'encourage les chics types en voie de guérison à ne jamais cesser de se faire plaisir, aussi perturbant que cela leur paraisse. Progressivement, les messages fondamentaux de l'enfance cèderont le pas à des convictions nouvelles et plus justes, reflets de leur estime de soi.

Thierry, rencontré au début de ce chapitre, a passé tellement de temps à quêter l'approbation des autres qu'il a rarement fait quoi que ce soit pour lui-même. Encouragé par d'autres hommes dans son groupe de lutte contre le syndrome du chic type, il a décidé de tenter l'expérience. Il a commencé petit en s'achetant une nouvelle paire de chaussettes et des sous-vêtements. Au bout de quelques semaines, il s'est inscrit dans un programme sportif et s'est entraîné régulièrement. Bien qu'il en ait ressenti de la culpabilité, il est allé voir un kinésithérapeute pour des séances de massages une fois tous les quinze jours. Au bout de six mois, il a décidé de dépenser une forte somme pour entrer dans un club de célibataires. Il a confié au groupe qu'en dépit de la petite voix qui de temps à autre lui souffle à l'oreille qu'il n'en vaut pas la peine, il s'est affirmé comme jamais grâce à cette démarche. Deux mois plus tard, il racontait qu'il était sorti avec deux femmes différentes qui semblaient toutes deux l'aimer tel qu'il était.

TRAVAUX PRATIQUES

Continuez la liste que j'ai donnée ci-dessus en ajoutant ce que vous pourriez faire pour vous-même. Affichez cette liste à un endroit où vous pourrez la voir. Sélectionnez au moins un objectif par jour et faites-le pour vous-même.

S'affirmer

Certaines affirmations positives peuvent contribuer à faire évoluer la faible estime de soi des chics types. Elles remplacent par de nouveaux messages plus réalistes les messages d'autrefois qui avaient trait à leur peu de valeur et sont aujourd'hui caduques. Employées seules, cependant, leur effet est en général de courte durée car les nouveaux messages vont à l'encontre d'opinions plus anciennes et plus profondes. Elles ne sont donc efficaces qu'utilisées en parallèle avec d'autres processus qui contribuent à transformer les convictions intimes des chics types.

Passer un peu de temps tout seul

La solitude est une étape importante sur le chemin de la guérison. Livrés à eux-mêmes, les chics types ont la possibilité de découvrir leur véritable personnalité, ce qu'ils aiment chez eux ainsi que les règles qu'ils ont décidé d'appliquer à leur vie. Je recommande vivement à mes patients de partir ou de se retirer en des lieux où personne ne les connaît. Dans ce contexte, ils seront moins tentés d'essayer de gagner l'approbation des autres et il ne leur sera plus aussi nécessaire de chercher à cacher leurs fautes et leurs erreurs. Ils pourront ainsi réfléchir sur eux-mêmes et sur la direction qu'a emprunté leur vie. C'est également le moment idéal pour apprendre à assumer la responsabilité de leurs actes.

Quand il est tout seul, le chic type en voie de désintoxication peut agir comme bon lui semble sans avoir à faire plaisir ou à trouver un compromis. Il se couche et se lève quand il le veut ; il décide de l'heure à laquelle il mange et détermine lui-même son menu ; il choisit l'endroit où il veut aller et ce qu'il entend y faire. Il est aussi moins susceptible de prendre soin des autres, de rechercher leur approbation, de se sacrifier, ou d'essayer de résoudre leurs problèmes.

En passant de longs laps de temps en solitaire, il apprend également à affronter sa peur la plus grande : l'isolement. En découvrant que la solitude n'est pas mortelle, il comprend qu'il n'est pas obligé de poursuivre à tout prix une relation négative, d'accepter des comportement intolérables ou de manipuler les autres afin d'obtenir la satisfaction de ses besoins.

La solitude se révélera plus efficace si le chic type a la possibilité de constater combien il tend à faire appel à des schémas addictifs pour se distraire : être sans cesse occupé ou utiliser le sexe, la nourriture ou l'alcool à des fins thérapeutiques. Il peut être particulièrement utile de tenir son journal intime durant ces périodes-là. Les moments où j'ai le plus appris sur moi-même sont ceux que j'ai passés seul au cours de week-ends de camping, de semaines de retraites ou lorsque ma femme était en déplacement.

TRAVAUX PRATIQUES

Faites l'inventaire de ce que vous avez à dire de positif sur vous-même. Notez ces points sur de petites cartes et placez-les à des endroits où vous les verrez régulièrement. Changez-les souvent pour qu'elles restent « fraîches ». En lisant ces affirmations, fermez les yeux et imprégnez-vous complètement de la signification des mots. Dès que votre esprit tend à en rejeter certaines en faveur d'anciennes convictions plus profondément ancrées en vous, notez-le.

Voici quelques affirmations possibles :

– Je suis digne d'être aimé tel que je suis.
– Je suis parfaitement imparfait.
– Mes besoins ont de la valeur.
– Je suis capable de m'en sortir.
– Les gens m'aiment et m'acceptent tel que je suis.
– Il n'y a pas de honte à commettre des erreurs, c'est humain.
– Je ne dois faire plaisir qu'à moi-même.

Révéler son moi profond

En cherchant à dissimuler ce qui fait leur humanité aux yeux des autres, les chics types renforcent l'intime conviction qu'ils ont d'être mauvais et indignes d'amour. Pour modifier cette idée, il leur faut amener leur humanité au grand jour, se débarrasser de leur honte toxique et recevoir des messages plus justes que ceux qu'ils ont intériorisés pendant leur enfance. Un tel processus doit nécessairement pouvoir s'appuyer sur une ou plusieurs personnes de confiance.

Même si cela peut paraître effrayant au départ, trouver de tels individus est essentiel pour apprendre à avoir une bonne opinion de soi. On ne peut s'en sortir seul. Le soutien d'un tiers permet de combattre les opinions biaisées quant à sa propre valeur et de leur en substituer de plus positives.

Ce processus repose sur l'édification de la confiance. Je suggère que le chic type convienne à l'avance d'un rendez-vous régulier avec la ou les personnes à qui il a décidé de se fier. Il leur révélera progressivement sa vraie personnalité. Au début de cette démarche, il lui faudra juste parler de lui, ce qui en soi met déjà mal à l'aise nombre de chics types. Avec le temps, il pourra commencer à révéler certains aspects de sa personnalité qu'il ne désire *a priori* pas que les autres connaissent. Une fois la confiance établie, il dévoilera ses peurs ou ses hontes. J'ai observé quantité de chics types qui autrefois cultivaient la dissimulation et la dérobade, se mettre à révéler leurs secrets les plus sombres en présence de personnes de confiance.

Robert, un alcoolique en cours de désintoxication, illustre parfaitement cette démarche. Il arrive un soir en retard à l'une des séances de son groupe de chics types. Arborant une attitude de retrait pendant les trente ou quarante premières minutes, il reste obstinément silencieux. D'ordinaire, il fonctionnait soit sur le mode de la participation active, soit sur celui du détachement. Ses silences sont le signe d'une détresse émotionnelle. Je lui fais donc remarquer qu'il semble loin de nous et lui demande comment il se sent.

Dès que l'attention du groupe se focalise sur lui, Robert passe du détachement à la terreur. « J'ai failli ne pas venir ce soir, murmure-t-il dans un souffle en regardant ses mains. En fait, je me disais que j'allais quitter le groupe. »

Quelques participants lui demandent ce qui ne va pas, témoignant ainsi de la sollicitude du reste du groupe. « Je me sens très mal, poursuit Robert. J'ai fait quelque chose de si affreux que j'ai pensé que je serais incapable de vous affronter. »

Qu'avait-il pu faire de si terrible qui pût amener le groupe entier à se liguer contre lui pour le juger ? Quelqu'un lui demande s'il s'agit d'une liaison. « Non, c'est bien pire, répond Robert. J'ai fait quelque chose de tellement épouvantable que je ne sais même pas si je suis capable de vous en parler. »

Comme le groupe lui offre son soutien et ses encouragements, il réussit à surmonter sa peur et sa honte et commence à se confier. « La semaine dernière, j'ai été réprimandé par mon patron avant de me disputer avec ma femme. J'étais dans un tel état de déprime que je suis sorti pour m'acheter une bouteille de vodka et je me suis saoulé. Je n'ai pas cessé de boire depuis et je suis incapable de m'arrêter. »

Des larmes roulent le long de ses joues alors que la honte de sa dépendance à l'alcool relève une fois de plus sa vilaine tête. Il était sobre depuis qu'il avait rejoint le groupe six mois plus tôt. Cela faisait douze ans qu'il était membre actif des Alcooliques anonymes, mais il avait souvent dérapé et replongé.

L'un des participants lui tend une boîte de mouchoirs en papier et Robert s'essuie les yeux. Il poursuit son histoire, laissant transparaître sa honte entre deux sanglots : « Me voilà revenu à mes mensonges et à mes manipulations d'autrefois. Je n'ai plus aucun contrôle sur moi. »

Je lui demande s'il avait appelé son superviseur ou s'il était allé à une réunion des Alcooliques anonymes depuis que tout cela avait commencé. Il secoue la tête en signe de dénégation et nous confie qu'il avait si souvent replongé qu'il ne pensait pas que son sort intéresse qui que ce soit ou que l'on puisse accepter qu'il revienne.

Plusieurs membres du groupe lui disent qu'ils ne

trouvent pas qu'il est mauvais et qu'ils ne le jugent pas non plus. Ils voient bien qu'il souffre. Ils lui assurent qu'ils ont le plus grand respect pour le fait qu'il ait continué de venir et révélé ce qui se passait en dépit de sa profonde honte.

Au bout de quelques instants, Robert reprend : « Ce n'est pas tout. Il y a autre chose. » Il se remet à sangloter. Portant sa main à son front, il secoue la tête comme pour exprimer le dégoût qu'il ressent à l'égard de sa propre personne. « C'est encore pire. Près de mon bureau, il y a un peep-show et j'y suis allé deux fois cette semaine. » Il dirige alors son regard vers le sol et se met à pleurer sans retenue. « Je m'en sortais si bien, dit-il d'une voix étranglée. Maintenant, j'ai tout foutu en l'air. Je me sens totalement nul et je ne veux plus continuer de vivre. C'est un vrai désastre. »

Le groupe passe le reste de l'heure à soutenir Robert, l'encourageant à aller jusqu'au bout de sa honte. Ils lui disent à nouveau qu'il n'est pas mauvais et que personne ne le juge. Au contraire, tout le monde le respecte d'avoir révélé sa honte et son chagrin. Ils l'encouragent à parler à sa femme, à appeler son superviseur et à se rendre à une réunion des Alcooliques anonymes. Ils lui demandent aussi d'appeler chaque jour un membre du groupe au cours de la semaine suivante pour dire comment il va.

Quand Robert repart ce soir-là, il est de toute évidence secoué et épouvanté. Il s'est également soulagé d'un lourd fardeau et a reçu le soutien d'un groupe de personnes qui se font un réel souci pour lui et qui veulent qu'il aille mieux. Aussi profonde qu'ait été sa peur que son mauvais comportement amènerait les gens à le juger et à l'abandonner, rien de tout cela ne s'est produit. Il a au contraire reçu le message qu'il ne pouvait rien faire qui puisse conduire les participants de son groupe à cesser de l'aimer ou de s'intéresser à lui.

Les chics types qui commencent à se débarrasser de la honte toxique et à rechercher leur propre approbation prennent conscience de quelques vérités fondamentales : ils ne sont pas mauvais ; ils n'ont pas à se mettre en quatre pour gagner l'approbation des autres ; ils n'ont pas à cacher ce qu'ils perçoivent comme leurs faiblesses ou leurs erreurs ; on les aime tels qu'ils sont.

Dès qu'ils commencent à appliquer les principes décrits dans ce chapitre, les chics types réussissent à accepter la réalité : ils sont des êtres humains. Comme n'importe quel autre être humain, ils commettent des erreurs, se trompent et agissent de manière inappropriée. Mais leur humanité ne les rend pas mauvais ni indignes d'être aimés, non plus qu'elle n'empêche les autres de les aimer.

Des personnes imparfaites ne peuvent créer de liens qu'avec d'autres personnes imparfaites. La plupart des gens sont attirés par des individus qui ont de l'épaisseur et savent qui ils sont. Les caméléons n'intéressent en général pas les foules.

En abandonnant leur costume de caméléon et en apprenant à se faire plaisir, les chics types en voie de guérison font l'expérience de l'intimité et du lien qu'ils ont toujours désiré créer. En sachant être fiers d'eux-mêmes, ils se mettent à irradier une aura d'énergie vitale et de charisme qui attire les autres vers eux. En cessant de rechercher l'approbation générale et de dissimuler leurs soi-disantes faiblesses, ils ouvrent une porte qui leur permettra d'obtenir ce qu'ils veulent vraiment dans la vie et en amour.

TRAVAUX PRATIQUES

Organisez un week-end à la montagne ou à la mer. Si possible, prévoyez une semaine (ou davantage) de vacances ou de retraite en solitaire dans un endroit où personne ne vous connaît. Séjournez seul dans un pays étranger si c'est faisable. Mettez à profit ce moment pour vous observer et réfléchir sur vous-même. Tenez un journal intime. Occupez-vous de vous. Emportez ce livre et prenez le temps de faire les travaux pratiques proposés. De retour à la maison, notez en quoi vous êtes différent et au bout de combien de temps vous retournez à vos schémas familiers.

CHAPITRE IV

Apprendre à faire passer ses besoins avant ceux des autres

« Je voudrais vous dire que ce truc dont nous avons parlé la semaine dernière me met vraiment très mal à l'aise. » C'est par cette affirmation que Laurent, un cadre dévoré par l'angoisse, débuta sa deuxième séance de thérapie. Il était venu me voir sur les encouragements de sa femme. Il me confia que d'aussi loin qu'il s'en souvienne il avait toujours été déprimé et malheureux. Au cours des derniers mois, il s'était mis à éprouver des difficultés à trouver le sommeil et était régulièrement sujet à des crises de migraines. Bien que tout dans sa vie donnât l'impression d'aller « bien » – bonne situation, belle maison, famille, etc. –, il ne semblait jamais avoir l'air heureux.

Au cours de sa première séance, Laurent me confia qu'il lui arrivait souvent de caresser l'idée de « tout plaquer » et de disparaître au bout du monde. Comme il en éprouvait de la culpabilité, il n'en parlait à personne.

Lors de cette même séance, je lui demandai ce qu'il faisait pour lui-même. Il me jeta un regard perplexe et répondit : « Que voulez-vous dire ? » Je répétai la question. Après un silence, il dit : « Pas grand-chose, je crois. »

Je passai le reste du rendez-vous à lui démontrer

combien il était important pour lui d'accorder la priorité à ses besoins et d'être pleinement responsable de leur satisfaction. Laurent accueillit ce discours avec appréhension et résistance. La même hésitation se fit jour dès le début de notre deuxième séance.

« Quels sont les points de notre discussion de la semaine dernière qui vous mettent mal à l'aise ?, lui demandai-je.

– Tous. Tout ce qui concerne la nécessité de faire passer mes besoins en premier m'a rendu nerveux. »

Je lui demandai ce qui, dans le fait d'assumer ses besoins, l'angoissait. Il répondit : « Tout. Si j'agissais ainsi, ce serait faire preuve d'égoïsme et d'égocentrisme.

– Et alors, où est le problème ? Quel mal y a-t-il à cela ? »

Laurent me regarda, incrédule. « Le problème, c'est qu'en étant égoïste je me mettrais à ressembler à mon vieux. Il n'a jamais pensé à personne d'autre qu'à lui-même et le résultat, c'est que nous en avons tous bavé. Je ne pourrais jamais me comporter ainsi. Je ne pourrais jamais être une espèce de fils de pute égocentrique comme lui. J'ai une femme, des mômes, un boulot, une hypothèque et des factures à payer. Je n'ai pas la possibilité de commencer à me conduire comme mon père. »

Des hommes peu exigeants

Laurent ressemble à la moyenne des chics types dès lors qu'il est question de leurs besoins. Ces hommes se donnent en général le plus grand mal pour répondre aux besoins de chacun tout en s'efforçant de se montrer peu exigeants envers eux-mêmes. Si j'évoque avec eux la nécessité d'accorder la priorité à leurs envies, ils me répondent à peu près tous comme Laurent.

La répétition de ce schéma est le résultat d'un conditionnement subi pendant l'enfance. Lorsque les besoins d'un enfant ne sont pas satisfaits de façon saine et en temps utile, il arrivera à se convaincre qu'avoir de tels besoins est un signe de sa « méchanceté ». Il peut également être amené à penser que ce sont ses envies qui conduisent certaines personnes à lui faire du mal ou à l'abandonner. Le plus souvent, les chics types réagissent à l'interprétation fallacieuse qu'ils font des événements de leur vie en mettant au point certains mécanismes de survie : ils essayent de paraître sans besoins ni envies ; ils font en sorte qu'il soit difficile de leur donner quoi que ce soit ; ils passent des « marchés indirects et secrets » ; ils prennent soin des autres et concentrent leur attention sur la satisfaction des besoins de ceux-ci.

En réalité, même s'ils ont réussi à créer et à vivre dans une illusion de sécurité pendant leur enfance, leurs mécanismes de survie n'ont fait qu'accroître le risque que leurs besoins ne soient jamais reconnus et donc jamais satisfaits.

Pourquoi les chics types affichent une apparente absence de besoins et d'envies

Pour faire face au sentiment d'abandon caractéristique de leur enfance, les chics types ont réagi de façon primaire en s'efforçant d'apparaître sans besoins ni envies. En effet, dans la mesure où c'était dans les moments où ils éprouvaient le plus de besoins qu'ils se sentaient le plus abandonnés, ils se sont persuadés que c'était leurs besoins qui faisaient fuir les gens.

Ces petits garçons innocents en ont conclu qu'on ne les abandonnerait jamais plus dès lors qu'ils réussiraient à éliminer ou à dissimuler tous leurs besoins. Ils se sont aussi convaincus qu'il serait moins douloureux pour eux de ne plus avoir aucun besoin plutôt que d'en avoir qui n'étaient jamais satisfaits. Ainsi ont-ils non seulement appris à ne pas s'attendre à obtenir la satisfaction de leurs besoins, mais ils ont aussi intégré l'idée qu'il leur fallait donner l'impression de ne pas avoir de besoins pour survivre.

Cela déboucha sur un nœud gordien : pour rester en vie, ces petits garçons désarmés ne pouvaient réprimer totalement leurs besoins, mais ils étaient par ailleurs incapables de les combler par eux-mêmes. La seule solution logique qui s'offrit donc à eux fut d'avoir l'air dépourvus de besoins et d'envies tout en essayant de satisfaire ceux-ci de façon indirecte et cachée.

Le résultat de ces mécanismes de survie hérités de l'enfance est que les chics types sont souvent persuadés qu'il est vertueux d'avoir le moins de besoins ou de désirs possibles. Mais derrière cette neutralité de façade, tous les chics types sont en réalité extrêmement en demande. Par conséquent, lorsqu'ils se mettent en quête de satisfaire leurs besoins, ils sont souvent peu clairs, manipulateurs et dirigistes.

Pourquoi les chics types font en sorte qu'il est difficile de leur donner quoi que ce soit

Afin de ne pas contredire les paradigmes de leur enfance, les chics types ont recours à des stratégies d'une inefficacité totale pour combler leurs besoins. Ils sont en outre très mal à l'aise quand ils finissent par obtenir ce qu'ils désirent et ont beaucoup de mal à recevoir. Bien qu'ils aient généralement les plus grandes difficultés à comprendre ce concept, ils sont terrifiés à l'idée d'arriver à leur but et feront tout ce qui est en leur pouvoir pour éviter que cela se produise. Ils réussissent dans cette stratégie inconsciente en se liant avec des personnes en quête d'attention ou inaccessibles, en étant confus et indirects dans leurs demandes, en repoussant les autres et en sabotant leurs relations.

La manière dont ils cherchent à contenter leurs

besoins sexuels illustre bien ce mode opératoire. Nombre de ceux avec qui j'ai travaillé ont dit être extrêmement intéressés par le sexe tout en éprouvant souvent un sentiment de frustration, dû au fait que la façon dont ils s'y prennent leur garantit à peu près certainement de ne jamais obtenir ce qu'ils croient vouloir.

Les chics types possèdent le don troublant de choisir des partenaires qui, à cause d'un passé difficile (violences sexuelles subies pendant l'enfance et autres expériences sexuelles négatives), tendent à ne pas jouir d'une sexualité épanouie. Quand leur compagne réussit cependant à se rendre disponible pour eux, il n'est pas rare qu'ils s'échinent à empêcher la satisfaction de leurs propres désirs : ils essayeront de contrôler la situation plutôt que de laisser l'expérience se dérouler ; ils se concentreront sur les besoins sexuels de leur partenaire avant que celle-ci ne puisse s'intéresser aux leurs ; ils feront un commentaire sur le poids de leur partenaire ou sur sa froideur passée qui sera le point de départ d'une dispute. Autant de stratégies qui garantissent que les chics types n'auront à éprouver ni la peur, ni la honte, ni l'angoisse susceptibles de se réveiller s'ils autorisaient quelqu'un à s'intéresser de près à leurs désirs.

Pourquoi les chics types passent des accords indirects et secrets avec leur entourage

Tous les chics types doivent affronter un dilemme : comment dissimuler le fait qu'ils ont des désirs cachés tout en créant des situations dans lesquelles ils gardent un certain espoir de voir ces désirs satisfaits ?

Pour atteindre cet objectif en apparence inatteignable, ils ont recours à des contrats indirects et secrets. Ces accords inconscients forment leur premier mode d'interaction avec le monde qui les entoure. Presque tout ce qu'ils entreprennent est la manifestation d'un contrat indirect très simple : « Je ferai ceci pour toi et en échange tu feras cela pour moi. Nous ferons comme si nous n'avions jamais entendu parler de ce marché. »

Qui n'a un jour murmuré « Je t'aime » à l'oreille de son amant ou de sa maîtresse, s'attendant à ce qu'en retour celui-ci ou celle-ci réponde : « Moi aussi, je t'aime » ? C'est l'exemple type du contrat indirect où l'une des deux parties donne pour obtenir. Dire « Je t'aime » pour entendre en retour « Moi aussi, je t'aime » constitue la manière la plus simple mise en œuvre par les chics types pour obtenir satisfaction de leurs besoins. Il n'y a bien entendu aucun mal à demander à votre partenaire de vous dire qu'il/elle vous aime ; mais dire « Je t'aime » en premier dans le but de s'entendre répondre « Moi aussi, je t'aime » est indirect, ambigu et manipulateur.

À la suite du conditionnement qu'ils ont subi de la part de leur famille et de la société, les chics types sont persuadés qu'ils doivent se montrer « gentils ». En réalité, le paradigme primaire du syndrome dont ils sont affectés n'est autre chose qu'un immense marché indirect et secret passé avec la vie.

TRAVAUX PRATIQUES

Pensez-vous qu'il soit normal d'avoir des besoins/désirs ? Pensez-vous que les gens qui vous entourent veulent vous aider à les satisfaire ? Pensez-vous que ce monde-ci recèle en abondance tout ce qu'on pourrait souhaiter ?

Pourquoi les chics types s'obstinent à s'occuper des autres

L'attention qu'ils portent aux autres représente l'un des contrats indirects les plus utilisés par les chics types.

Ils sont en effet persuadés qu'ils manifestent ainsi leur amour et que cela contribue à faire d'eux des « gens bien ». En réalité, s'occuper d'autrui n'a rien à voir, chez le chic type, avec l'amour ou la bonté. Il s'agit plutôt d'une tentative immature et indirecte d'obtenir la satisfaction de ses besoins.

TRAVAUX PRATIQUES

Nommez au moins un contrat indirect et secret passé entre vous et une autre personne à laquelle vous êtes attaché. Que donnez-vous ? Qu'attendez-vous en retour ? Parlez-en avec cette autre personne. Demandez-lui ce qu'elle éprouve à l'idée d'être prise dans une stratégie ambiguë.

Quand un chic type s'intéresse aux problèmes, aux besoins ou aux sentiments d'une autre personne, c'est toujours pour se valoriser, obtenir la satisfaction de ses besoins, ou éviter d'avoir à affronter ses propres problèmes et sentiments.

Le cas de Joseph, un graphiste de vingt-neuf ans, illustre parfaitement les extrémités auxquelles sont prêts les chics types pour prendre soin des autres y compris dans leurs relations les plus intimes. Homosexuel, Joseph se lamente au cours de l'une de ses séances de thérapie : « Pourquoi ne puis-je trouver un partenaire qui me rende autant que je lui donne ? » Il poursuit en me décrivant la façon dont tous ses petits amis s'étaient servis de lui alors que lui-même passait son temps à leur donner.

En l'espace d'un an, Joseph avait eu trois relations sérieuses. Chacune avait débuté sous les meilleurs auspices et à chaque fois il semblait avoir trouvé le compagnon de ses rêves. Mais elles avaient toutes échoué au terme du même scénario : Joseph choisissait des hommes qui avaient besoin d'être sauvés ou soignés.

Le premier habitait au Canada et venait d'arrêter la drogue. Il était venu s'installer chez Joseph mais n'avait jamais cherché à obtenir un permis de travail et luttait pour ne pas replonger dans la dépendance. Joseph fit l'impossible pour le soutenir, espérant qu'il finirait par trouver un travail et ne retoucherait pas à la drogue. Au bout du compte, Joseph finit par le renvoyer chez lui pour faire le point. Il découvrit plus tard, grâce à un ami commun, que son copain n'avait jamais cherché à obtenir un permis de travail parce qu'il était séropositif, ce qu'il avait négligé de lui dire.

Le suivant appartenait à un autre groupe ethnique. Il n'avait jamais assumé son homosexualité car il était déchiré entre ce qu'il était et les valeurs prônées par ses parents et sa religion. Aussi resta-t-il incapable de s'engager vraiment dans la relation. Néanmoins, Joseph fit son possible pour le soutenir et lui apporter tout ce qu'il pouvait, escomptant que son ami finirait par mettre les choses au clair et se tournerait enfin complètement vers lui.

Le troisième était dans l'armée. Il vivait sur une base à soixante kilomètres de l'endroit où habitait Joseph et n'avait pas de voiture. Joseph devait prendre l'initiative de leurs rencontres et servait souvent de chauffeur à son partenaire. Comme il gagnait aussi mieux sa vie, c'était toujours lui qui payait quand ils sortaient. Il achetait souvent des cadeaux à son ami et lui prêtait de l'argent. Quand celui-ci fut transféré sur une autre base loin de là, Joseph démissionna de son travail, vendit sa voiture et déménagea. Trois mois plus tard, il était de retour, car il avait découvert que son ami le trompait ouvertement.

Au cours des douze mois pendant lesquels Joseph avait consacré tout son temps à gérer les besoins et les problèmes de ses petits amis, il avait laissé tombé sa situation et s'était mis à dos la plupart de ses amis et des membres de sa famille. En prenant soin d'autres personnes, il avait réussi à s'aveugler sur son comportement autodestructeur tout en dépensant une énergie folle à remédier à celui des autres. Or Joseph avait beau donner tout ce qu'il pouvait, il n'avait jamais l'impression d'être payé en retour à la hauteur de ce qu'il avait donné. C'est un sentiment commun à la plupart des chics types.

S'intéresser aux autres plutôt que de prendre soin d'eux

Les chics types voient dans tout ce qu'ils font pour autrui la manifestation de leur amour. Mais prendre soin des autres n'est pas du tout la même chose que s'intéresser à eux. Voici en quoi :

PRENDRE SOIN	S'INTÉRESSER
1. Donner aux autres ce qu'on a besoin de leur donner.	1. Donner aux autres ce qu'ils ont besoin qu'on leur donne.
2. Trouve son origine dans le vide intérieur du donneur.	2. Trouve son origine dans la plénitude intérieure du donneur.
3. Ne jamais rien faire gratuitement.	3. Ne rien attendre en retour.

Les chics types prennent soin de leur entourage pour diverses raisons qui n'ont rien à voir avec l'amour. Pour eux, rien n'est jamais gratuit, même l'acte le plus innocent et le plus léger. Ils donnent comme ils aimeraient qu'on leur donne. Ils donnent des cadeaux, de l'affection, des tapes dans le dos, du sexe, des surprises. Ils encouragent leur partenaire à prendre un jour de congé, à s'acheter de nouveaux vêtements, à aller chez le médecin, à partir en voyage, à démissionner, à reprendre des études – mais ne s'autoriseraient jamais à faire eux-mêmes la même chose.

TRAVAUX PRATIQUES

Relevez deux ou trois exemples qui viennent illustrer de quelle façon vous prenez soin d'autrui. Pour mieux prendre conscience de votre comportement, adoptez l'une ou l'autre des deux attitudes suivantes pendant une semaine :

– *Décidez d'un moratoire du don.* Les chics types ont du mal à faire la différence entre « s'intéresser à » et « prendre soin de ». Aussi je vous suggère de cesser complètement de donner (sauf à de jeunes enfants dépendants) et de noter ce que vous ressentez. Pour qu'il n'y ait pas de malentendus, informez votre entourage de vos intentions et observez leur réaction pendant cette période.

– *Accentuez votre tendance à prendre soin des autres.* Aussi étrange que cela puisse paraître, ce moyen se révélera très efficace. Soyez attentif à ce que vous éprouvez et à la réaction que vous provoquez.

Le triangle victimaire

Établir des contrats indirects et secrets et prendre soin des autres conduit les chics types à la frustration et au ressentiment au lieu de les aider à satisfaire leurs besoins. Frustration et ressentiment finissent par prendre de l'ampleur et s'extérioriser sous des formes souvent peu sympathiques. Le fait de donner pour recevoir crée un cycle de fureur appelé triangle victimaire. Celui-ci consiste en trois séquences prévisibles :

– Le chic type donne aux autres avec l'espoir qu'il obtiendra quelque chose en retour.

– Quand il paraît clair qu'il n'obtiendra pas autant qu'il a donné ou qu'il espérait recevoir, il se sent frustré et en veut à son entourage. (N'oubliez pas que le chic type est celui qui tient les comptes et qu'il n'est pas totalement objectif.)

– Lorsque sa frustration et son ressentiment se sont accumulés suffisamment longtemps, il finit par être furieux, adopter un comportement passif-agressif, bouder, faire des scènes, se replier sur lui-même, humilier, critiquer sans arrêt, voire être violent. Une fois que le cycle est terminé, le chic type en recommence un autre un peu plus tard et sur le même mode.

Ma femme nomme ces épisodes « les vomissements de la victime ». Ils prennent parfois la forme de colères capricieuses semblables à celles que pourrait faire un enfant ; d'autres fois, ce sont une aventure extraconjugale ou des représailles cachées. Cependant, celui qui « vomit » ses émotions se sent dans son bon droit puisqu'il se considère comme la victime. Cette attitude montre que les chics types ne sont pas toujours aussi gentils ni honnêtes qu'ils veulent bien le croire.

La relation de Simon avec son amie Rachel est un bon exemple du triangle victimaire et du vomissement émotionnel dont je parle. Simon a placé Rachel sur un piédestal. Au fond de lui, pourtant, il est persuadé qu'elle ne peut l'aimer qu'à la condition qu'il soit « suffisamment bon ». Pour gagner son amour, il lui offre des cadeaux, lui envoie des mots doux, lui laisse des messages sur son répondeur, lui achète des vêtements, organise des surprises, participe aux travaux ménagers et à l'éducation de ses enfants.

Tout cela génère chez Rachel un sentiment de dette émotionnelle. Elle a l'impression qu'elle ne pourra jamais rendre tout ce que son ami fait pour elle. Et en vérité, c'est impossible : Simon cherche à acheter son amour – sauf que le contrat n'a pas été clairement établi. Au bout du compte, il ne reste à Rachel qu'un moyen pour faire face aux attentions que Simon ne cesse de déployer envers elle : le repousser loin d'elle.

Simon est anéanti, incapable de comprendre pourquoi, puisqu'il a rempli sa part du contrat, Rachel ne remplit pas la sienne. Il ne pense pas être si difficile à contenter. Plus il donne à son amie et plus il lui en veut. Il l'accuse de ne pas l'aimer. Les deux se lancent dans des disputes épouvantables au terme desquelles ils rompent en s'insultant.

Puis Simon prend peur. Bourrelé de remords, il poursuit Rachel en essayant d'arranger les choses (tout en lui en voulant, d'ailleurs, parce qu'elle ne le poursuit pas de son côté pour en faire autant). Il recommence alors à prendre soin d'elle et à lui faire plaisir pour gagner son amour. Et le cycle se répète. À l'infini.

TRAVAUX PRATIQUES

Il est parfois difficile d'établir un lien direct entre votre tendance à prendre soin des autres et les « vomissements » émotionnels qui s'ensuivent inévitablement. Observez de quelle façon vous blessez ceux que vous aimez.

Vous livrez-vous à des remarques cinglantes ou à des « plaisanteries » blessantes ?

Les mettez-vous dans l'embarras en public ?

Êtes-vous fréquemment en retard ?

« Oubliez-vous » ce qu'ils vous ont demandé de faire ?

Les critiquez-vous ?

Vous repliez-vous sur vous-même ou menacez-vous de partir ?

Laissez-vous la frustration s'installer jusqu'à l'explosion ?

Demandez à ceux qui comptent dans votre vie de vous dire ce qu'ils pensent de votre tendance à prendre soin des autres, d'une part, et de vos « vomissements » émotionnels, d'autre part. Ce sera peut-être difficile à entendre et risquera de provoquer en vous un accès de honte, mais c'est une information essentielle pour réussir à sortir du triangle victimaire dans lequel vous vous êtes enfermé.

Devenir un véritable égoïste

« Tout cela m'a l'air bien égoïste et nombriliste, m'a dit un jour un patient. Comme si les chics types ne devaient penser qu'à eux-mêmes sans se soucier des autres. » Il y a dans ce commentaire une vérité importante dont je n'avais pas pleinement conscience à l'époque : puisque les chics types ont appris à se sacrifier pour survivre, le processus de guérison doit insister sur la nécessité de se faire passer en premier et d'accorder la priorité à ses propres besoins.

La majorité des chics types sont ébahis d'apprendre qu'il est sain d'avoir des besoins et que les personnalités matures font de la satisfaction de ceux-ci une priorité. Je dois parfois répéter cette vérité plusieurs fois afin qu'elle pénètre dans leur esprit. Pour eux, avoir des besoins signifie être « en demande ». En d'autres termes, c'est prendre un aller simple pour l'abandon.

Je leur dis que personne n'est là pour veiller spécifiquement à la satisfaction de leurs besoins (sauf leurs parents, mais ils ont fait leur part du boulot). J'en profite pour leur rappeler aussi qu'eux-mêmes ne sont pas non plus là pour satisfaire les besoins d'autrui (sauf ceux de leurs enfants).

Ce saut paradigmatique est souvent terrifiant pour les chics types qui décident de s'engager sur la voie de la guérison. L'idée de faire de leurs besoins une priorité leur paraît le moyen le plus sûr pour être détestés, mal aimés et se retrouver seuls. Leurs réactions, lorsque je leur en parle, sont à cet égard assez prévisibles : « Les gens vont se mettre en colère contre moi » ; « On va penser que je suis un égoïste » ; « Je vais me retrouver tout seul » ; « Et si tout le monde se mettait à vivre ainsi ? » Je dois alors les convaincre qu'ils ont tout intérêt à le faire et que cela peut aussi bénéficier à leur entourage : ils multiplieront les chances d'obtenir ce dont ils ont besoin et ce qu'ils désirent ; leurs dons seront judicieux, c'est-à-dire qu'ils correspondront vraiment à ce que les gens veulent ; ils pourront donner sans éprouver ni ressentiment, ni attente d'un retour ; ils seront moins en demande ; ils deviendront plus attirants.

Ce dernier point séduit la plupart des chics types : l'impuissance, l'humeur grincheuse, la faiblesse et les attentes perpétuelles ne sont pas plaisantes chez un homme. L'assurance et la confiance en soi le sont. La plupart des gens sont attirés par des hommes ayant une bonne estime de soi. En se faisant passer en premier, on ne fait pas fuir les autres, on les attire. C'est la condition indispensable pour obtenir ce que l'on veut en amour et dans la vie.

Assumer ses propres besoins

Les chics types doivent commencer par faire évoluer leur paradigme fondamental. Cette évolution les amenera notamment à se convaincre que :

– avoir des besoins est inhérent à l'être humain ;

– les personnes matures font de la satisfaction de leurs propres besoins une priorité ;

– il est possible de demander de façon claire et directe de l'aide pour satisfaire ses besoins ;

– les autres souhaitent sincèrement que l'on y parvienne ;

– ce monde est un pays de cocagne : on y trouve de tout en abondance.

Il s'agit pour eux d'adopter un comportement radicalement différent de celui qu'ils avaient jusqu'ici. Et ils n'ont pas le choix. En faisant passer le sentiment qu'ils ont d'eux-mêmes au premier plan, ils réussiront également à retrouver leur pouvoir personnel, à se sentir pleinement vivants et à faire l'expérience de l'amour et de l'intimité.

Quand les chics types se mettent à assumer leurs besoins et à leur accorder la priorité, leur entourage en bénéficie également. Les marchés indirects disparaissent, les jeux de devinette, les explosions de colère et les comportements passifs-agressifs aussi. Il en va de même de la manipulation, des tentatives de contrôle et du ressentiment. J'ai moi-même appris cette leçon en direct il y a quelques années.

Un week-end de trois jours approchait pendant lequel nos enfants ne seraient pas là. J'essayais donc de m'organiser afin que ma femme Elisabeth et moi puissions passer du temps ensemble, mais elle ne semblait pas sûre de ce qu'elle voulait faire et ne souhaitait pas s'engager. Je me suis senti frustré et j'ai renoncé à tous mes plans. Finalement, poussé par un ami, j'ai décidé d'essayer de m'occuper de moi pendant ce week-end. J'ai pris mes dispositions, invitant ma femme à me rejoindre quand elle le désirait. J'ai fait plusieurs choses que j'avais envie de faire, comme de voir longuement des amis. Elisabeth était parfois avec moi, parfois non. Le lundi, elle m'avoua qu'elle avait vraiment apprécié ce week-end.

Un défi

Lors d'une séance de groupe, je mis au défi chacun des participants de s'occuper avant tout d'eux-mêmes pendant au moins une semaine. Bien que ce défi ait engendré une profonde angoisse chez eux, ils décidèrent tous de le relever. Voici ce que vécurent Laurent, Joseph et Simon.

Laurent, que j'ai présenté en début de chapitre, rentra chez lui après la séance de groupe et dit à sa femme qu'il allait faire passer ses besoins en premier pendant les sept prochains jours. Elle commença par se montrer réticente devant cette déclaration, ce qui accrut l'angoisse de son mari. Pour se donner du courage, Laurent appela deux autres membres du groupe. Leurs encouragements lui apportèrent le soutien dont il avait besoin pour aller jusqu'au bout de son engagement.

Il choisit de ne pas compliquer les choses. Au nombre des résolutions qu'il prit pour la semaine, il y avait celle de s'accorder le temps de faire du sport. Avant la naissance de ses enfants, Laurent était très sportif. Les exigences de la vie professionnelle et familiale avaient mis fin à ces activités-là. Il décida de s'entraîner alternativement avant et après le travail. Quand il fit part de ses intentions à sa femme, elle lui dit : « Ce n'est pas juste que tu aies le droit de t'entraîner et pas moi », ce qui provoqua chez Laurent un petit accès de culpabilité. Il fut tenté de reculer. S'il s'était écouté, il aurait essayé de trouver une solution pour que sa femme puisse elle aussi aller à la gym. Au lieu de cela, il lui répondit qu'il la comprenait, mais qu'il irait s'entraîner quoi qu'il advienne.

Lors de ses deux premières échappées à la salle de sport, Laurent se sentit envahi par la culpabilité et l'angoisse. Pourtant, il persévéra. Au bout du troisième jour, sa femme lui demanda même comment se passaient ses entraînements. À mesure qu'avançait la semaine, Laurent se mit à éprouver un regain d'énergie et à porter sur la vie en général un regard plus optimiste. Il dormait mieux. Au gymnase, il appréciait d'être entouré de personnes qui prenaient également soin d'elles-mêmes. À sa grande surprise, au bout de huit jours, sa femme lui dit qu'il lui avait donné l'impulsion nécessaire pour commencer à se prendre en main : elle avait décidé de laisser de temps en temps les enfants à la garderie du gymnase pour pouvoir suivre un cours d'aérobic.

Joseph avait rejoint l'un des groupes de parole après sa rupture avec son dernier petit ami. Il avait d'abord été assez mal à l'aise d'être le seul homosexuel du groupe. Mais les autres l'avaient accepté et il avait travaillé sur sa capacité à nouer des relations non sexuelles avec des hommes.

Le week-end, Joseph avait l'habitude de sortir avec sa dernière conquête en date dans des bars gays. Il y allait tous les soirs, du vendredi au dimanche : quand arrivait le lundi matin, il était épuisé et passait le reste de la semaine à essayer de remonter la pente. Mais il avait peur de se faire plaquer s'il refusait de sortir quand son ami en avait envie.

Il décida pourtant que lors du week-end suivant il s'occuperait d'abord de lui-même et agirait comme il en avait envie. Il prévint son ami à l'avance. Il lui dit qu'il ne sortirait qu'un soir sur trois, qu'il ne boirait pas et qu'il serait rentré pour minuit. Le samedi, il décida d'aller au cinéma avec deux membres du groupe. Et le dimanche, il resta chez lui pour se détendre et écluser le ménage et la lessive en retard, avec comme objectif d'être au lit à vingt-deux heures.

Quand arriva le lundi, reposé, Joseph se rendit au bureau l'esprit clair. Son petit ami ne l'avait pas laissé tombé et il passa une semaine de travail productive et agréable.

Simon, que nous avons lui aussi déjà croisé, aimait faire plaisir à son amie Rachel. Il lui offrait régulièrement des cadeaux, organisait des surprises et faisait tout ce qui était en son pouvoir pour l'aider.

Pour se remettre au premier plan, il adopta la stratégie suivante : il allait prêter attention aux moments où il avait envie de faire quelque chose pour son amie et, chaque fois, il ferait à la place quelque chose pour lui-même. Au lieu de laver sa voiture à elle, il laverait la sienne ; quand il ressentirait le désir de lui acheter un cadeau, il s'achèterait quelque chose ; plutôt que de l'appeler rien que pour savoir si elle allait bien, il appellerait un membre du groupe. Tout cela déclencha une profonde crise d'angoisse chez Simon.

À sa grande surprise, à la fin de la semaine, Rachel lui

avoua qu'elle avait l'impression qu'il l'étouffait beaucoup moins et qu'elle attendait avec impatience les moments qu'ils devaient passer ensemble. Elle lui téléphona même un soir après que les enfants furent allés se coucher et l'invita à venir chez elle pour faire l'amour.

Quinze jours plus tard, Simon et Rachel parlèrent de ces changements au cours d'une séance de thérapie de couple. Ils décidèrent de continuer le processus. Ils se mirent d'accord sur le fait que pendant les six mois qui suivraient Simon ne ferait ni cadeaux ni surprises à Rachel. Au cours de cette période, Simon se retint donc de lui offrir quoi que ce soit pour Noël, son anniversaire et la Saint-Valentin, ou même de lui envoyer des mots doux. Parallèlement, il concentra son attention sur lui-même, prenant soin de satisfaire ses propres besoins.

Avec le temps, Simon prit conscience que non seulement Rachel n'avait pas cessé de l'aimer, mais qu'elle était même devenue plus généreuse envers lui. Au bout d'un an, ils racontaient tous les deux que Simon pouvait offrir des cadeaux sans que ce soit pour lui le moyen de s'affirmer, ni d'obtenir l'approbation des autres : il avait appris tout au long de cette période qu'en faisant passer ses besoins en priorité, il devenait moins dépendant, moins en demande et moins angoissé. Tous deux dirent apprécier les changements qu'ils avaient vécus depuis que Simon avait pris la décision de se montrer plus égoïste.

Les chics types ont cru en un mythe qui leur promettait qu'en renonçant à soi-même et en faisant passer les autres d'abord, on prouvait à ceux-ci son amour et on comblait leurs besoins. Il n'y a qu'un seul moyen de modifier ce paradigme illogique et stérile : s'occuper davantage de soi.

Prendre cette décision est terriblement difficile. En revanche, la mettre en pratique est assez simple. Quand un chic type devient « égoïste », il ne doit plus écouter qu'une seule voix : la sienne. Les décisions sont désormais prises par un seul individu, et non plus par tout un comité. Il n'a plus à lire dans l'esprit des autres, prédire ce qui va se passer, ni s'efforcer de plaire à une multitude de voix aux intérêts conflictuels. Toutes les informations qui lui sont nécessaires pour faire ses choix se trouvent en lui : « Est-ce bien ce que je veux ? Oui. Alors, voilà ce que je vais faire. »

Se libérer du syndrome du chic type implique d'assumer ses propres besoins. D'autres personnes peuvent se montrer coopérantes, mais il ne leur revient pas de remplir cette tâche. En accordant la priorité à leurs propres besoins et en se comportant de manière plus « égoïste », les chics types se donnent par ailleurs les moyens de prendre conscience de la richesse du monde qui les entoure. Ils finissent par être convaincus de leur propre importance. Ils constatent aussi que, dans leur entourage, certaines personnes seraient heureuses de les aider dans leur démarche.

TRAVAUX PRATIQUES

Décidez d'accorder la priorité à vos propres besoins et désirs pendant tout un week-end ou même une semaine entière. Avertissez vos proches de vos intentions. Demandez à un ami de vous soutenir et de vous encourager dans cette démarche. Prêtez attention aux angoisses que vous éprouvez au début et à votre tendance à reprendre vos anciens schémas de fonctionnement. Au terme de la période que vous vous êtes fixée, interrogez votre entourage pour savoir ce qu'ils ressentent quand vous vous occupez d'abord de vous.

N'oubliez pas qu'il ne s'agit pas d'être parfait dans cette entreprise. Il s'agit simplement d'entreprendre.

CHAPITRE V

Redécouvrir sa force intérieure

Un samedi matin, ma femme et moi étions engagés dans une discussion animée à propos de quelque chose que j'avais fait. Comme souvent lorsque nous nous querellons, Élisabeth était incapable de me faire admettre ce que je me refusais à accepter. Et quant à moi, je me sentais injustement persécuté. Pour finir, quand la dispute eut atteint son crescendo émotionnel, ma femme me lança, à bout : « Tu n'es vraiment qu'une mauviette ! » Sur ce, elle quitta la pièce et je me réfugiai dans la salle de bains pour sécher mes larmes.

Au bout de quelques minutes de réflexion, Élisabeth toqua à la porte. Je me dis qu'elle revenait pour achever sa proie blessée. Au lieu de quoi, elle s'excusa : « Je suis désolée de t'avoir traité de mauviette. Ce n'était pas juste.

– En vérité, lui répondis-je en ravalant un sanglot, c'est la chose la plus juste que tu aies dite depuis le début de la matinée. »

Les chics types sont des mauviettes. Ce n'est peut-être pas très gentil de dire cela, mais c'est la vérité. Ils ont tendance à se poser en pitoyables victimes parce que le paradigme de leur vie et les mécanismes de survie hérités de leur enfance leur enjoignent de sacrifier leur force intérieure.

Comme je l'ai souligné dans les chapitres précédents, l'un des dénominateurs communs à tous ces hommes est que leurs besoins n'ont pas été satisfaits d'une façon et au moment adéquats pendant leur enfance. Ces petits garçons se montrèrent incapables d'empêcher les autres de les abandonner, de les négliger, d'abuser d'eux, de les utiliser ou de les étouffer. Ils étaient à la merci de gens qui ne les aimaient pas, ne s'occupaient pas d'eux, ne satisfaisaient pas à leurs besoins et ne les protégeaient pas.

À la suite de ces expériences enfantines, la plupart des chics types ont donc pris l'habitude de se considérer comme des victimes. Ils tendent à considérer les autres comme la cause de tous leurs problèmes et se sentent donc souvent frustrés, démunis, plein de ressentiment et de colère. Leur corps l'exprime, leur voix le proclame : « Ce n'est pas juste » ; « Comment se fait-il que ce soit elle qui décide de tout ? » ; « Je donne toujours plus que je ne reçois » ; « Si seulement elle… »

Un paradigme de l'impuissance

Pour tenter de surmonter le sentiment d'abandon qu'ils ont éprouvé tout au long de leur enfance, les chics types ont mis au point le fameux paradigme dont j'ai déjà parlé : « Si je suis gentil, je serai aimé, on satisfera mes besoins et j'aurai une vie tranquille. » Malheureusement, non seulement cette affirmation produit un résultat contraire à celui désiré, mais en outre elle implique à coup sûr qu'on éprouvera sans cesse un sentiment d'impuissance.

Bien que les chics types cherchent de manière obsessionnelle à mener une vie paisible et sans problèmes, deux facteurs fondamentaux les empêchent d'atteindre leur but. Le premier est qu'ils visent l'impossible : la vie, en effet, n'a rien de paisible. L'existence humaine est par nature chaotique. Elle est remplie d'expériences imprévisibles et hors du contrôle de qui que ce soit. De sorte que chercher à s'aménager une existence où tout se déroulerait toujours comme prévu est une entreprise inutile.

Les chics types ne se contentent pas de croire que la vie peut être paisible : ils sont persuadés qu'elle devrait l'être. Cette conviction est le résultat direct du sentiment d'abandon ressenti pendant l'enfance. Le risque de ne pas voir leurs besoins satisfaits selon leurs attentes les effrayait et semblait menacer leur existence même.

Pour tenter de maîtriser les incertitudes de leur enfance chaotique, ils se sont convaincus qu'en faisant tout comme il faut, ils ne rencontreraient jamais aucune difficulté dans leur vie. Parfois, ces hommes ont également acquis la certitude que leur enfance avait été idéale et sans problèmes (c'est-à-dire l'inverse de la réalité) afin de réussir à surmonter le sentiment d'abandon qui les étreignait. Les illusions dont ils se sont bercés ont aidé ces petits garçons sans défense à faire face aux troubles sur lesquels ils n'avaient aucun contrôle.

La seconde raison qui explique que les chics types ne parviennent jamais à mener la vie tranquille qu'ils se sont fixée est qu'ils font le contraire de ce qu'il faudrait pour cela. En abordant les situations qu'ils vivent à l'âge adulte avec des mécanismes de survie qui se sont formés à une époque où ils étaient naïfs et démunis, ils sont presque assurés de ne jamais réussir à créer la moindre forme de stabilité dans leur vie.

La dépendance qu'ils éprouvent à l'égard de ces processus inefficaces maintient ces hommes prisonniers de souvenirs hérités d'une enfance effrayante et perpétue un cercle vicieux. Plus ils ont peur et plus ils font appel à un mode opératoire enfantin. Plus ils ont recours à ces mécanismes stériles et dépassés, moins ils réussissent à négocier les complexités, les défis et les ambiguïtés de la vie. Plus ils échouent et plus ils sont envahis par l'angoisse... Pas besoin de vous faire un dessin : la boucle est bouclée.

Apprendre à ne plus être une mauviette

J'appelle « force intérieure » l'état d'esprit qui habite celui qui est sûr de sa capacité à faire face aux événements. Il ne se contente pas de venir à bout des problèmes, difficultés et épreuves, mais accueille l'adversité, l'affronte et s'en félicite. La force intérieure n'est pas l'absence de peur : même les plus forts ont peur. Elle est le pouvoir personnel qui anime celui qui a ressenti la peur mais ne s'y est pas abandonné.

Par chance, il existe une solution au sentiment d'impuissance et de vulnérabilité que ressentent les chics types : en surmontant leur syndrome, ils se donnent de fait les moyens d'embrasser la force intérieure à laquelle ils avaient droit en naissant. Retrouver cette force signifie notamment de lâcher prise, de s'ancrer dans la réalité, d'exprimer ses sentiments, d'affronter ses peurs, de développer son intégrité et de mettre aux choses des limites.

TRAVAUX PRATIQUES

Lisez attentivement la liste qui suit. Ce sont les moyens dont se servent les chics types pour essayer de couler des jours tranquilles. Décrivez comment vous-même aviez recours à ces mécanismes de survie durant votre enfance. Puis notez à côté un exemple qui illustre la manière dont, adulte, vous continuez d'utiliser cette stratégie pour essayer de contrôler le monde qui vous entoure. Expliquez comment ces comportements vous permettent d'échapper au sentiment d'être une victime impuissante. Faites part de votre analyse à une personne de confiance.

- Ne pas se tromper.
- Jouer la carte de la sécurité.
- Anticiper et arranger.
- Temporiser pour ne pas déstabiliser la situation.
- Ne jamais être un problème.
- Conclure des marchés indirects et secrets.
- Contrôler et manipuler.
- Prendre soin des autres et faire plaisir.
- Dissimuler des informations.
- S'assurer de l'indifférence des autres.
- Éviter les problèmes et les situations difficiles.

Lâcher prise

Curieusement, pour retrouver sa force intérieure et obtenir ce à quoi on aspire en amour et dans la vie, il est avant tout nécessaire d'apprendre à se rendre. Bien différente d'abandonner, cette idée implique de lâcher prise sur ce qu'on ne peut changer pour ne se concentrer que sur ce qu'on est capable de modifier.

Lâcher prise ne signifie pas que l'on soit indifférent aux autres ou que l'on n'entreprenne rien, mais c'est comme ouvrir un poing très serré pour relâcher la tension qui s'est accumulée dans les doigts. De prime abord, le poing aura tendance à vouloir reprendre sa position fermée d'origine et la main doit presque être forcée à s'ouvrir et à se détendre. De même, à force d'apprendre à se rendre et à lâcher prise, on finit par comprendre comment répondre aux beautés complexes de la vie et on cesse de vouloir à tout prix contrôler cette dernière. L'abandon permet aux chics types de considérer la vie comme un laboratoire où ils peuvent apprendre, grandir et créer. En se rendant, ils deviennent capables d'envisager chacune de leurs expériences comme un « cadeau » destiné à stimuler croissance, guérison et apprentissage. Au lieu de se demander : « Pourquoi est-ce que cela m'arrive à moi ? », ils relèvent les défis de la vie en répondant à la question suivante : « Que puis-je apprendre de cette situation ? »

L'exemple de Gilles illustre le fonctionnement du processus du lâcher prise. La relation que cet homme entretenait avec Barbara avait atteint un stade critique. Il avait entamé une thérapie de couple avec son amie dans le but déclaré de « trouver une solution » aux problèmes de cette dernière. Il affirmait qu'elle était déprimée, qu'elle se mettait sans cesse en colère et que le sexe ne l'intéressait pas. Il racontait qu'il essayait de veiller à ne jamais rien faire qui puisse la contrarier, ce qui lui donnait en permanence le sentiment de marcher sur des œufs.

Gilles et Barbara avaient tous les deux une petite cinquantaine d'années. Ils vivaient ensemble depuis huit ans et avaient envisagé de se marier, mais ils éprouvaient une certaine appréhension à cet égard, vu la nature instable de leur relation. Au bout de deux mois de thérapie, Gilles commença à entrevoir que Barbara n'était peut-être pas la seule cause à leurs problèmes relationnels. Il se mit à réfléchir à sa propre tendance à prendre soin des autres et à tout contrôler. Il prit également conscience qu'il avait peu de centres d'intérêt extérieurs et peu d'amis hommes. Deux mois plus tard, il s'inscrivait dans un de nos groupes de parole.

Au début, tout en s'interrogeant sur ses propres problèmes et sur les scénarios de vie inefficaces qui étaient les siens, Gilles ne cessait de rechercher la « clef » qui lui permettrait d'aider Barbara à se sentir mieux. Le processus fut long, mais Gilles finit par accepter qu'il ne pouvait rien faire pour changer son amie et qu'il lui faudrait se concentrer sur sa propre personne. Quand il se mit à lâcher prise et à se détacher de Barbara, il fut pris d'une angoisse infinie. Il avait une peur panique d'aller au devant de sérieuses difficultés. Il était aussi certain que Barbara serait incapable de faire face à ses propres problèmes sans son aide.

Avec le soutien de son groupe de parole, Gilles finit

par se rendre. Il comprit qu'il s'en sortirait quoi qu'il arrive, que Barbara et lui réussissent à sauver leur couple ou non. À sa grande surprise, leur relation s'améliora à compter de ce moment-là. En cessant de vouloir à tout prix résoudre les problèmes de son amie et en prenant de la distance par rapport à ses humeurs, il se rendit compte qu'il éprouvait moins de frustrations et de ressentiments. Il commença même à voir Barbara comme un « cadeau » mis sur son chemin pour l'aider à résoudre les difficultés relationnelles qu'il avait avec un père agressif.

Un an plus tard, Gilles annonça à son groupe thérapeutique que Barbara et lui allaient se marier. Il raconta qu'ils s'entendaient mieux qu'il n'aurait pu l'imaginer. Selon lui, le tournant remontait au jour où il avait compris que peu lui importait si leur couple s'en sortait ou non : en prenant la décision de lâcher prise, il cessait consciemment de vouloir contrôler quelque chose qui était clairement hors de son contrôle. Et comme par hasard, c'est ce processus qui lui avait permis de recevoir ce qu'il désirait vraiment.

TRAVAUX PRATIQUES

Pensez à un « cadeau » que vous a fait la vie, un cadeau auquel vous avez d'abord résisté mais que vous considérez aujourd'hui comme un stimulus positif sur le chemin de la croissance ou de la découverte de soi.

Votre existence recèle-t-elle en ce moment d'autres cadeaux auxquels vous devriez vous abandonner ?

Parlez-en avec une personne de confiance.

S'ancrer dans la réalité

Les chics types s'efforcent de contrôler leur environnement en élaborant sur les gens et les situations des systèmes de pensée sans ancrage dans la réalité. Puis ils font comme si ces théories étaient avérées. C'est la raison pour laquelle leurs comportements semblent souvent illogiques à des observateurs extérieurs.

Léo approche de la quarantaine. Cet homme sans prétentions a eu une brève liaison avec l'une de ses collègues. Lors de notre première séance, je lui demande pourquoi, à son avis, il avait eu cette aventure : « Je ne sais pas, répond-il, j'imagine que j'avais juste besoin d'attention. » Je poursuis en lui demandant de me raconter comment il manifeste sa colère envers sa femme. Il me jette un regard perplexe et me dit : « Je ne suis jamais en colère contre Sarah.

– Vous voulez dire que depuis dix ans que vous êtes mariés, elle n'a jamais rien fait qui vous emmerde ? »

À l'entendre parler de sa femme, il est clair qu'il l'a placée sur un piédestal. Et il est tout aussi clair qu'il vit en dehors de la réalité dès lors qu'il est question de son mariage. Quand je lui pose quelques questions précises sur sa femme, il me confie que Sarah a pris trente kilos depuis qu'ils sont mariés, qu'elle refuse de faire la cuisine, qu'elle est déprimée, qu'elle ne veut plus avoir de relations sexuelles avec lui, qu'elle le traite avec mépris et qu'elle pique des colères contre lui sans la moindre raison. En dépit de tout cela, Léo maintient que Sarah est la femme de sa vie et qu'il l'aime profondément.

Au cours des mois de thérapie qui suivent, je ne cesse de tendre à Léo un miroir pour qu'il voit sa femme et leur relation telles qu'elles sont réellement. Le processus est lent et difficile. Par peur de la solitude, Léo a besoin de se faire une certaine idée de Sarah, quand bien même serait-elle fausse. En prenant pied dans la réalité, il risque d'être amené à devoir faire quelque chose d'effrayant ou de difficile.

Pourtant, à mesure que Léo prend conscience de l'angoisse d'abandon qui l'étreint, il se met à jeter sur sa femme un regard plus clairvoyant. Ce changement lui permet de commencer à exprimer ses propres besoins, à établir des limites et à dire son ressentiment et sa colère. Il devient vite évident, en revanche, que Sarah n'a aucun désir d'examiner son rôle dans la relation ou de changer quoi que ce soit. Bien que ce soit douloureux et angoissant, à partir du moment où il accepte de regarder la réalité en face Léo devient capable de faire ses valises et d'entamer une procédure de divorce.

Après avoir pris pied dans la réalité, il réussit à comprendre pourquoi il avait créé le système dans lequel il évoluait avec Sarah. Il était désormais en position de prendre des décisions différentes, mais réalistes. Il avait accès au pouvoir intérieur nécessaire pour procéder à des changements significatifs dans sa vie. Cela rendait également possible une rencontre avec une femme disposée à l'aider à créer la relation à laquelle il avait toujours aspiré.

TRAVAUX PRATIQUES

Choisissez un aspect de votre existence qui vous frustre ou sur lequel vous pensez n'avoir aucun contrôle. Prenez du recul : les difficultés que vous éprouvez par rapport à cette situation proviennent-elles du fait que vous projetez sur elle une réalité à laquelle vous voulez croire ? Si vous deviez accepter la situation telle qu'elle est, en quoi votre réaction serait-elle différente ?

Exprimer ses sentiments

Les chics types ont une peur terrible des sentiments : les leurs et ceux des autres. À la moindre manifestation d'intensité émotionnelle, ils sont envahis par l'impression de ne plus rien contrôler. Lorsque, enfants, ils éprouvaient des émotions vives, ils attiraient sur eux une attention négative ou aucune attention du tout. Il leur parut donc plus sûr d'enfermer hermétiquement toute émotion susceptible de les signaler aux autres ou de provoquer chez eux un sentiment d'abandon.

Je me souviens qu'au début de notre mariage, Élisabeth se sentait frustrée devant mon incapacité à partager avec elle ce que je ressentais. Comme la plupart des chics types, j'en étais venu à considérer les sentiments comme dangereux. Après le conditionnement que j'avais reçu pendant plus de trente ans, je ne comprenais pas un mot de ce qu'Élisabeth attendait de moi.

Même lorsque j'ai commencé à prendre conscience de mes sentiments, je les ai souvent gardés pour moi. Il est d'ailleurs presque comique de voir à quel point il est rare qu'un chic type se confie à sa partenaire. Un jour, Élisabeth me prit à partie après que je lui ait fait part d'un sentiment que j'éprouvais depuis quelque temps déjà : « Pourquoi ne m'en as-tu pas parlé dès le début ?

– Tu vois que je suis en progrès, rétorquai-je. Il ne m'a fallu que quinze jours pour réussir à t'en parler. »

J'entends souvent les chics types expliquer leur silence par le fait qu'ils ne veulent froisser personne avec leurs sentiments. En réalité, c'est eux-mêmes qu'ils protègent. Ce qu'ils entendent par là, c'est qu'ils ne veulent rien faire qui puisse réactiver ce qu'ils ont vécu au cours de leur enfance. Ils ne cherchent à protéger personne de quoi que ce soit, ils essayent simplement de préserver leur tranquillité et leur contrôle sur leur monde. « Vos sentiments ne sont que des sentiments, ils ne vous tueront pas », leur dis-je. Peu importe qu'un chic type se sente angoissé, sans défense, honteux, seul, en colère, ou triste, ses sentiments ne mettront pas sa vie en danger.

Quand on apprend aux chics types à accepter leurs sentiments, ce n'est pas dans le but de les rendre faibles et « dépendants sur le plan affectif » : lorsqu'ils sont à l'unisson de leurs émotions, les hommes sont au contraire puissants, sûrs d'eux-mêmes et pleins d'énergie. Bien que nombre d'entre eux le pensent, il ne s'agit pas de se mettre à ressembler davantage aux femmes, ni d'éprouver ce qu'elles ressentent, mais de comprendre ses propres sentiments en regardant, non pas des femmes, mais d'autres hommes. C'est ce que je les encourage vivement à faire.

Il n'existe ni formule magique ni technique qui permette de retrouver le chemin des émotions que l'on a réprimées. Les groupes de soutien n'en sont pas moins là pour enseigner, diriger et encourager ce long mais important processus. En un sens, un groupe thérapeutique peut en venir à former comme une famille. Dans cet environnement, les chics types qui veulent combattre leur syndrome et avoir à nouveau accès à leurs sentiments demanderont l'aide à laquelle ils n'ont jamais eu droit pendant leur enfance. Dans la mesure où les sentiments sont souvent un peu bruts, le groupe offrira aussi un cadre rassurant à l'intérieur duquel se « lâcher » : leurs membres y prennent conscience qu'ils ne risquent pas de passer par-dessus bord ni de couler s'ils chahutent le navire. Ils y comprennent également qu'ils ne se flétriront ni ne mourront si l'un de leurs proches éprouve à son tour des sentiments.

Les sentiments font partie intégrante de l'existence humaine. En apprenant leur langage, les chics types peuvent commencer à laisser derrière eux ces bagages inutiles qu'ils ont traînés toute leur vie. Ce faisant, ils découvrent une énergie, un optimisme, une intimité et un goût de la vie renouvelés.

J'ai compris cela de façon tout à fait inattendue le jour où Élisabeth est venue me trouver pour me dire qu'elle avait eu un bête accident : elle avait reculé dans une voiture à l'arrêt. Elle se sentait aussi coupable qu'une enfant et s'attendait à ce que je la gronde. Avant même que j'aie pu réagir, elle avait dressé un mur entre elle et moi et était rentrée dans sa coquille dans le but de se protéger.

Je me mis en colère – à cause non pas de la voiture, mais de la manière dont ma femme me repoussait. Je lui exprimai mes sentiments de façon claire et directe. Sans chercher à lui faire honte ni l'attaquer, je lui dis : « Stop. » Avec une émotion dont l'intensité nous surprit tous les deux, je lui fis comprendre que je ne la repoussais pas, mais que je n'entendais pas accepter qu'elle me repousse non plus. Je lui dis que si je ressentais quelque chose à propos de la voiture, je lui en voulais encore bien davantage de son comportement. Je lui déclarai : « Si tu me laisses réagir comme je veux à propos de cette voiture, on trouvera bien une solution. »

Plus tard, Élisabeth me confia (ainsi qu'à plusieurs de ses amis) combien elle préférait que j'exprime mes sentiments : elle se sentait plus en sécurité. Elle était à même d'entendre que j'étais en colère à propos de la voiture, mais que je ne pensais pas pour autant qu'elle-même fût méchante et que je n'allais pas l'abandonner. Le fait que j'aie réagi avec une telle intensité lorsqu'elle avait voulu me mettre à distance l'avait sécurisée et rassurée sur mon amour pour elle. Elle n'avait dès lors plus eu peur de maintenir la connexion avec moi et de comprendre ce que je ressentais. L'incident nous avait rapprochés. Il demeure une référence pour comprendre le pouvoir thérapeutique d'une expression forte et directe des émotions.

TRAVAUX PRATIQUES

Voici quelques consignes destinées à vous aider à exprimer vos sentiments :

– Ne concentrez pas votre attention sur l'autre (« Tu me rends fou »), mais assumez ce que vous ressentez (« Je suis en colère »).

– N'employez pas de mots qui ont trait aux sentiments pour décrire ce que vous pensez (comme dans « J'ai eu le sentiment que Jean essayait de m'utiliser »). Essayez de vous concentrer plutôt sur ce que vous vivez dans votre corps (« Je me sens impuissant et ça m'angoisse »).

– D'une manière générale, essayez de commencer les phrases où vous parlez de vos sentiments par « Je » plutôt que par « Tu ».

– Évitez de vous appuyer sur une expression telle que : « J'ai l'impression que... » (comme dans « J'ai l'impression que tu n'es pas juste avec moi »).

Affronter ses peurs

La peur est humaine. Chacun l'éprouve un jour, même ceux qui en semblent dépourvus. Une peur saine signale l'approche d'un danger. Telle n'est pas du tout l'angoisse qui habite les chics types au quotidien.

Pour ces hommes-là, la peur se situe au niveau cellulaire. Elle est un souvenir de tout ce qui a pu un jour leur paraître menaçant. Elle est née d'une époque de dépendance et d'impuissance absolues. Elle puise son origine dans des besoins qui n'ont pas été comblés de façon adéquate. Elle a été alimentée par des systèmes effrayants qui décourageaient le risque et récompensaient l'immobilité. Elle a été accentuée par la prise de conscience que la vie est compliquée et chaotique et que le moindre changement est synonyme de voyage dans l'inconnu. J'appelle ce sentiment « peur-souvenir ».

À cause de la peur-souvenir qui s'est mise en place pendant leur enfance, les chics types continuent d'approcher le monde comme s'il était dangereux et oppressant. Pour affronter la réalité, ils se tapissent dans leur coin et jouent la carte de la sécurité. D'où bien des souffrances inutiles, parce qu'ils fuient les situations nouvelles ; ne parviennent pas à sortir de ce qu'ils connaissent ; procrastinent, louvoient et ne finissent pas ce qu'ils ont entrepris ; compliquent des situations déjà délicates en continuant de se comporter comme ils l'ont toujours fait sans jamais obtenir le moindre résultat ; et dépensent une énergie folle à vouloir maîtriser l'incontrôlable.

Nicolas est un bon exemple des effets paralysants de la peur-souvenir. Il prend rendez-vous un jour sur la recommandation d'un ami. Bien que séparé de sa femme depuis un an, il ne se résout pas à décider de divorcer. Il me répète souvent qu'il est « perdu ». Ce sentiment est associé à une forte dose de culpabilité. Il passe son temps à peser le pour et le contre : que se passera-t-il s'il quitte sa femme pour de bon et s'aperçoit plus tard que c'était une erreur ? Et s'il bousille la vie de ses enfants ? Et si ses enfants ne veulent plus jamais lui adresser la parole ? Et si ses amis le trouvent méchant ? Et si Dieu l'envoie en enfer ? Totalement perdu, ne sachant que faire, il est paralysé.

Quand je lui dis que je ne pense pas qu'il soit perdu mais qu'il a peur, il commence par se mettre sur la défensive. Il n'aime guère cette image de lui. Nous nous penchons alors sur ses peurs d'enfant. Nicolas prend conscience que toutes les bêtises qu'il pouvait faire à l'époque semblaient avoir des conséquences sans fin. Il s'était donc persuadé qu'il en irait de même aujourd'hui

Développer son intégrité

La plupart des chics types s'enorgueillissent de leur honnêteté et de leur loyauté. En réalité, ils sont profondément malhonnêtes. Ils sont de capables mentir ou de garder pour eux certaines informations tout en cultivant l'illusion d'être honnêtes. Dans la mesure où la malhonnêteté est un comportement dicté par la peur, mentir, même par omission, porte atteinte à leur force intérieure.

Est « mensonge » tout ce qui n'est pas la vérité. Cela peut paraître évident, mais il est important de définir ce que sont « mentir » et « dire la vérité » car les chics types sont passés maîtres dans l'art de créer des définitions justifiant leur comportement. Il n'est pas rare de les entendre affirmer : « Je suis plutôt très honnête », ou « Je suis honnête la plupart du temps », sans se rendre compte du caractère contradictoire de leur propos. Avec une naïveté quasi enfantine, ils diront pour leur défense : « Je n'ai pas menti. Simplement, je n'ai pas tout dit. »

TRAVAUX PRATIQUES

Identifiez une angoisse qui semble contrôler votre vie. Une fois que vous aurez pris la décision de l'affronter, répétez-vous : « Je peux y arriver. Peu importe ce qui se passe, j'y arriverai. » Répétez ce mantra jusqu'à ce que vous soyez passé à l'acte et ne ressentiez plus la peur.

Joël possédait une société de BTP qui marchait très bien. Il quittait parfois son bureau un peu plus tôt pour aller au cinéma avant de rentrer chez lui. Craignant les reproches de sa femme, il se gardait de lui dire comment il passait ce temps-là. Il avait toujours une histoire en réserve à lui servir au cas où elle essaierait de le joindre pendant qu'il était sorti. Le plus drôle était qu'il n'avait absolument aucune raison de mentir à sa femme. En dépit de tous les efforts qu'il déployait pour dissimuler la vérité sur ses allers et venues, il ne lui était jamais venu à l'esprit qu'il mentait autant à lui-même qu'à sa femme. Le pire fut que ses mensonges entraînèrent la mise en place d'une relation de couple fondée sur la peur et vinrent ébranler sa force intérieure.

Lorsque les chics types apprennent à dire la vérité, je les encourage à se demander ce qu'ils souhaitent le moins que les autres apprennent et ce qu'ils veulent le moins révéler : c'est ce qu'ils sont le plus susceptibles de cacher – et ce qu'ils doivent pourtant le plus exposer. Il leur faut parfois s'entraîner à dire une vérité plusieurs fois avant de réussir à la raconter dans ses moindres détails.

Il arrive qu'après avoir dit la vérité, les chics types estiment que c'était une « erreur » à cause de la réaction négative d'un interlocuteur. Dire la vérité n'est pas le sésame qui donne droit à une vie tranquille. Pourtant, l'intégrité est plus facile à vivre que la tromperie et la distorsion des faits. Apprendre à la développer est une étape indispensable du processus de guérison.

L'intégrité consiste à décider de ce qui semble juste et à agir en fonction. Dans certains cas, les chics types ont recours à l'approche dite du « comité ». Cette méthode consiste à essayer de deviner ce qui constitue la vérité aux yeux des autres pour prendre ses décisions et calquer son comportement dessus. C'est le plus sûr chemin vers la confusion, la peur, la paralysie et la malhonnêteté.

Si l'on applique les définitions ci-dessus, on remarque qu'il y a deux façons d'être à côté de l'intégrité, mais une seule d'être intègre. Quand un chic type ne se pose même pas la question de savoir ce qui, pour lui, constitue la vérité, ou lorsqu'il fait appel à la méthode du comité, il se situe à côté de l'intégrité. S'il se demande ce qui, pour lui, constitue la vérité mais n'agit pas en fonction, il est également à côté. Ce n'est qu'en se demandant ce qu'est la vérité et en agissant en conséquence qu'il réussira à devenir un homme intègre.

TRAVAUX PRATIQUES

Choisissez un domaine dans lequel vous n'avez pas fait montre d'intégrité. Identifiez les angoisses qui vous empêchent de dire la vérité ou d'agir comme il le faudrait. Parlez-en à une personne de confiance. Puis allez rétablir la vérité ou prenez les mesures nécessaires pour rectifier la situation. Répétez-vous que vous allez y arriver. Puisque dire la vérité est susceptible d'engendrer une crise, persuadez-vous que la personne concernée y survivra.

Mettre des limites aux choses

Les limites sont essentielles à la survie. Apprendre à poser des limites permet aux chics types de cesser de se considérer comme de pauvres victimes impuissantes et de retrouver leur force intérieure. C'est l'une des techniques fondamentales que j'enseigne à mes patients.

Voici comment je procède. Je place un lacet sur le sol. Je dis à l'homme que j'ai en face de moi que je vais traverser sa frontière pour le repousser et qu'il lui faudra m'arrêter quand il commencera à se sentir mal à l'aise. Il n'est pas rare qu'il se tienne bien loin de la ligne, m'autorisant à violer son territoire et à faire plusieurs pas vers lui avant de se mettre à réagir. Il me laisse même souvent le repousser de plusieurs pas en arrière avant d'entreprendre quoi que ce soit pour m'arrêter. Parfois, je le repousse jusqu'au mur du fond de la pièce sans qu'il réagisse.

Cet exercice me sert à faire la démonstration concrète de la nécessité d'établir des frontières dans tous les domaines de la vie. Les chics types préfèrent en général reculer, laisser tomber et préserver la paix. Ils pensent qu'en faisant encore un pas en arrière, l'autre personne cessera de les repousser et que tout rentrera dans l'ordre.

Ceux qui commencent à apprendre à mettre des limites en font souvent un peu trop et ont tendance à passer d'un extrême à l'autre : ils deviennent des poseurs de frontières kamikazes qui se lancent dans l'entreprise avec un marteau-piqueur ou une machette. Le temps aidant, ils finissent par comprendre qu'il n'est pas utile d'investir plus de force que nécessaire pour parvenir à leurs fins.

Ils apprennent aussi que poser des frontières ne revient pas tant à faire changer les autres qu'à changer soi-même. Si une personne franchit la limite qu'ils ont fixée, ce n'est pas le problème de cette personne : c'est le leur.

À cause des peurs-souvenirs héritées de leur enfance, les chics types invitent souvent inconsciemment les autres à multiplier des comportements qu'ils jugent pourtant intolérables. Le conditionnement qu'ils ont subi étant petits les amène à signaler à ceux qui les entourent qu'ils sont prêts à accepter que leurs frontières soient violées. Quand ils décident de lutter contre leur syndrome et acceptent de reconnaître qu'ils sont responsables de la manière dont ils laissent les autres les traiter, leur attitude change. Ils font clairement comprendre à leur entourage qu'ils ne sont pas prêts à tout tolérer et qu'il convient de se comporter différemment avec eux. Leur relation se voit ainsi offrir une chance de perdurer et de s'épanouir.

Jacques, un homme de vingt-cinq ans environ, est membre d'un groupe thérapeutique. Son cas montre comment l'acceptation de comportements inadmissibles est susceptible d'entraîner une relation à sa perte et comment l'établissement de frontière peut, au contraire, permettre sa survie.

Juste avant qu'il n'épouse Christine, celle-ci avait eu une aventure avec l'un de ses anciens petits amis. Ne voulant pas la perdre, Jacques lui avait pardonné et promis qu'il n'évoquerait plus jamais son infidélité. Il établit ainsi un schéma relationnel où Christine faisait à peu près tout ce qu'elle voulait, alors que Jacques retenait ses sentiments et marchait sur des œufs. Il pesait toujours le moindre de ses mots pour éviter de la contrarier.

Un soir, alors qu'ils étaient sortis boire un verre avec des amis, Christine se saoula. Quand elle buvait trop, elle devenait agressive et aguichait les hommes. Elle fit plusieurs remarques désagréables à Jacques et passa presque toute la soirée à danser des slows langoureux avec d'autres clients du bar.

Jacques se mordit la lèvre aussi longtemps qu'il le put, puis finit par dire à Christine qu'elle était saoule et qu'il était temps de rentrer à la maison. Christine l'insulta et continua son manège. Jacques répliqua en la traitant de « salope » et rentra chez eux.

Le lendemain matin, Christine fut reconduite par l'une des ses amies. Elle passa le reste de la journée à ignorer Jacques. Celui-ci encaissa au début, mais après plusieurs heures misérables il s'excusa de ce qu'il lui avait dit.

Quelques jours plus tard, il raconta un peu à contrecœur cet épisode à son groupe de parole. Les autres participants lui mirent affectueusement les points sur les « i ». Ils lui firent remarquer à quel point sa volonté de supporter le comportement intolérable de sa femme autorisait cette dernière à agir comme bon lui semblait. Ils lui dirent que le problème ne venait pas de Christine, mais de lui. Tant qu'il ne changerait pas, sa femme ne serait pas poussée à adopter une attitude différente. En n'établissant pas de frontières, il ne mettait pas toutes les chances de réussite de son mariage de son côté.

Le lendemain, Jacques fit une mise au point avec

Christine. Il reconnut être en partie responsable de la situation. Il lui dit qu'il n'était plus prêt à supporter son comportement inacceptable. Il lui expliqua où se situaient ses limites. Il ne tolérerait plus qu'elle danse ou flirte avec d'autres hommes. Il ne tolérerait plus qu'elle le ridiculise devant leurs amis. Il lui dit que si elle voulait continuer d'être sa femme, elle devait entamer une cure de désintoxication pour régler son problème d'alcool.

Christine lui répondit que personne ne lui donnerait d'ordres. Elle fit son sac et partit s'installer ce soir-là chez des amis. Bien que Jacques se sentît misérable pendant les jours suivants, il résista à la tentation de l'appeler pour la supplier de revenir et, à la place, téléphona à des membres du groupe.

Trois nuits plus tard, Christine appela Jacques. Elle voulait parler. Elle vint le voir et lui dit que bien qu'ayant eu à l'origine l'intention de lui dire d'aller se faire voir, elle savait qu'il avait raison. Pour la première fois depuis qu'ils étaient mariés, elle l'avait respecté. Elle lui affirma qu'elle voulait sauver leur mariage et qu'elle était prête à faire tout ce qu'il fallait pour que ça marche. La semaine suivante, Christine entamait une cure.

TRAVAUX PRATIQUES

Avant de pouvoir commencer à poser des limites, il est indispensable d'évaluer si vous avez tendance à beaucoup reculer pour éviter les conflits et préserver la paix. Observez-vous pendant une semaine. Dites-vous « oui » alors que vous voudriez plutôt dire « non » ? Acceptez-vous d'agir d'une certaine façon pour éviter l'affrontement ? Évitez-vous d'adopter certains comportements parce que l'on risque de vous en vouloir ? Acceptez-vous des situations intolérables dans l'espoir que cela ne fera que passer ? Notez vos remarques et faites-en part à une personne de confiance.

Embrasser la vie telle qu'elle est

Aucune « clef » ne donnera jamais accès à une vie tranquille. Être « gentil » ou faire « ce qu'il faut » ne peut vous protéger des réalités chaotiques de l'existence ni de leur perpétuel changement. Le paradigme du chic type ne produit que des mauviettes qui se laissent bousculer ou ridiculiser parce qu'ils ont « mal » chargé le lave-vaisselle.

À mesure que les chics types apprennent à lâcher prise, à réintégrer la réalité, à exprimer leurs sentiments, à affronter leurs peurs, à développer leur intégrité et à poser des limites, ils accèdent à une force qui leur permet d'accueillir et d'embrasser les défis et les « cadeaux » de l'existence. La vie n'est pas un manège enchanté, elle ressemble plutôt à un circuit d'autos tamponneuses. En retrouvant leur force intérieure, les chics types peuvent enfin jouir du monde. La vie ne se déroule pas toujours sans heurts, elle n'est pas forcément toujours belle, mais c'est assurément une aventure à ne pas manquer.

CHAPITRE VI

Renouer avec sa masculinité

Les hommes nés après la Seconde Guerre mondiale n'ont pas eu beaucoup de chance : ils ont grandi durant la seule période de l'histoire occidentale récente où il n'était pas toujours bien vu d'être un mâle. Ce fut essentiellement le résultat de deux mouvements de transformations sociales et familiales : d'une part, les garçons ont été coupés de leur père et d'autres modèles masculins sains ; d'autre part, on les a forcés à rechercher l'approbation des femmes et à accepter une définition féminine de ce que signifiait « être un homme ».

Ces deux dynamiques ont eu pour conséquence d'amener de nombreux garçons et hommes à croire qu'il leur fallait cacher ou éliminer le moindre aspect négatif de leur masculinité (comme ceux que l'on trouvait chez leur père et chez d'autres hommes « mauvais ») pour devenir ce qu'ils imaginaient que les femmes voulaient qu'ils soient. À leurs yeux, cette stratégie était la seule qui leur permette d'atteindre le bonheur.

Du fait des changements sociaux permanents de la deuxième moitié du XXe siècle, ce système de croyance n'est plus limité aux seuls hommes de la génération du « baby-boom ». Je rencontre souvent des jeunes gens d'une trentaine ou d'une vingtaine d'années, voire des adolescents, qui présentent de nombreux traits de caractère propres aux chics types. D'une génération à l'autre, les hommes semblent être de plus en plus passifs.

Ce conditionnement social affecte les chics types de multiples façons. Ils ont ainsi tendance à être déconnectés des autres hommes et de leur propre masculinité ; à être fidèles à une seule femme, leur mère ; et à dépendre de l'approbation des femmes.

Les chics types se sont coupés des autres hommes

J'entends souvent mes patients dire : « Je ne suis pas à l'aise avec d'autres hommes. Je ne sais pas de quoi parler », ou : « La plupart des hommes sont des nazes », ou bien : « J'avais des amis hommes autrefois, mais ma femme m'a rendu la vie tellement impossible quand il s'agissait de faire quelque chose avec eux que j'ai préféré laisser tomber », ou encore : « J'ai tendance à préférer la solitude. »

Les chics types ont souvent du mal à créer des liens avec d'autres hommes. La raison en est que durant leur enfance ils n'ont pas eu beaucoup de contacts masculins positifs, en particulier avec leur père. Ils n'ont donc jamais acquis les bases nécessaires à l'édification de relations significatives avec leurs semblables.

Un autre trait commun à tous les chics types est qu'ils sont persuadés d'être différents, meilleurs que les autres. Cette idée fausse s'est généralement mise en place pendant l'enfance, alors qu'ils s'efforçaient de ne pas ressembler à leur père, jugé « mauvais » ou inaccessible. Parvenus à l'âge adulte, ils ont souvent reproduit le même schéma avec les autres hommes. Les chics types ont cette conviction parce qu'ils s'imaginent ne pas chercher à contrôler les autres, ne pas être violents, maîtriser leur colère, être attentifs aux attentes et besoins des femmes, être de bons amants, ou encore être de bons pères.

Aussi longtemps qu'ils seront déconnectés de leurs semblables ou qu'ils seront persuadés d'être différents d'eux, les chics types se priveront des nombreux bénéfices qu'offrent la compagnie des hommes et la force d'une communauté masculine.

TRAVAUX PRATIQUES

Notez de quelles façons vous avez consciemment ou non essayé d'être différent de votre père et/ou d'autres hommes. Analysez comment la certitude de votre différence vous a éloigné des autres hommes.

Ils sont déconnectés de leur propre masculinité

La masculinité est cette part en l'homme qui lui permet de survivre en tant qu'individu, groupe et espèce. Sans l'énergie masculine, nous aurions tous disparu il y a des millions d'années. Elle donne à l'être humain le pouvoir de créer et de produire, de subvenir aux besoins des personnes qui comptent dans sa vie et de les protéger. Elle comprend la force, la discipline, le courage, la passion, la persévérance et l'intégrité.

Mais l'énergie masculine représente aussi un potentiel d'agressivité, de destructivité et de brutalité. Ces caractéristiques effrayent les chics types – ainsi d'ailleurs que de nombreuses femmes –, qui s'efforcent donc de les réprimer.

La plupart des chics types croient qu'en étouffant la face la plus sombre de leur énergie masculine, ils réussiront à gagner l'approbation des femmes. Cela semble logique si l'on considère le climat antimâle qui imprègne notre culture depuis les années 1960. Curieusement, ces mêmes hommes se plaignent souvent de ce que les femmes semblent attirés par des « gros bœufs » plutôt que par des chics types comme eux. Quantité de femmes m'ont confié que l'absence d'énergie vitale chez les chics types les rend peu attirants. Elles ajoutent que leur tendance à aller vers les « gros bœufs » vient de ce qu'ils s'affirment plus.

En n'assumant pas la face sombre de leur masculinité, les chics types répriment mille autres aspects de cette force. Ils en viennent souvent à perdre leur assurance sexuelle, leur esprit de compétition, leur créativité, leur ego, leur soif d'expérience, leur gaieté, leur exhibitionnisme, leur pouvoir. Observez des petits garçons dans une cour de récréation et vous pourrez voir à l'œuvre toutes ces qualités. Je suis persuadé que ce sont des traits de caractère qui méritent d'être conservés.

L'une des conséquences les plus visibles de cette répression de l'énergie masculine est l'incapacité des chics types à se comporter en chefs de famille. C'est qu'ils craignent de contrarier leur partenaire ou de ressembler trop à leur propre père (dirigiste, autoritaire ou abuseur). Par conséquent, la responsabilité de chef de famille incombe souvent à leur compagne. La plupart des femmes avec qui je m'entretiens me disent ne pas vouloir de ce boulot et l'assumer par défaut.

Ils sont fidèles à une seule femme : leur mère

Se montrer fidèle à sa mère – et le rester – est un grand classique chez les chics types. Ce lien inconscient résulte du dérèglement d'un processus de développement enfantin sain.

Je m'explique : tous les petits garçons sont naturellement amoureux de leur maman et désirent l'avoir pour eux seuls. Des parents équilibrés aideront leur fils à franchir les différentes étapes de ce processus de développement normal. Ce faisant, le petit garçon apprendra à se séparer de sa mère, créera des liens avec des hommes et sera prêt à développer une relation intime avec une autre femme à l'âge adulte.

Chacun des parents est là pour faciliter cette transition saine et joue un rôle important dans sa réussite. Tout d'abord, la mère doit être capable de donner suffisamment à son enfant pour combler les besoins qu'il éprouve sans pour autant créer chez lui un sentiment de dépendance. Elle doit également savoir comment obtenir la satisfaction de ses propres besoins, de façon à ne pas être tentée d'utiliser son fils pour remplir le vide qu'elle ressent. Ensuite, le père doit être présent et tisser un lien sain avec son fils. Cette relation aide le petit garçon à passer des genoux confortables de sa mère au monde compétitif des hommes.

Comme on l'a vu, la plupart des chics types disent n'avoir entretenu, quand ils étaient enfants, que des relations distanciées avec leur père. C'est pourquoi nombre d'entre eux ont été poussés à maintenir des liens malsains avec leur mère. Ces liens se sont parfois formés parce qu'ils devaient faire plaisir à une mère menaçante, critique ou dirigiste. Mais le plus souvent ils sont le résultat de l'obligation qui leur a été imposée de prendre soin d'une mère en demande, dépendante ou étouffante. Privés du soutien de leur père, ces petits garçons ont dû négocier seuls une situation impossible.

Ces deux situations – essayer de faire plaisir à une mère colérique ou dirigiste ; devenir le petit partenaire de sa mère – ont mis en place, pendant l'enfance, un processus au terme duquel les chics types ont ressenti inconsciemment un devoir de fidélité envers leur mère et ont échoué à atteindre leur individualité de manière saine.

Dès lors qu'un chic type a été conditionné de la sorte, la partenaire qu'il rencontrera adulte aura l'intuition qu'il n'est pas vraiment disponible pour elle. Elle ne fera peut-être pas consciemment le lien avec la relation qui unit son ami à sa mère, mais elle saura au fond d'elle-même qu'il manque quelque chose.

Anita, une femme proche de la soixantaine, a épousé un homme resté fidèle à sa mère. Elle vient me voir en thérapie individuelle. Elle est convaincue que son mari a une liaison et cherche un conseil. Au début de la séance, elle s'assied sur le divan et sourit nerveusement : « Je me sens si bête de venir vous voir, mais je ne sais vraiment pas à qui parler. J'ai l'impression de devenir folle parce que mon mari a une aventure avec sa secrétaire. Il nie, mais je sais bien qu'il se passe quelque chose, les preuves sont trop nombreuses. »

Le sourire d'Anita a disparu, remplacé par une expression de chagrin. Elle prend un mouchoir en papier et se tamponne le coin des yeux. « David – c'est mon mari – a traversé des moments difficiles récemment. Il doit subir une forte pression au travail, financièrement c'est dur et sa mère est morte l'année dernière. Il était très proche d'elle et je crois que cela a été vraiment très douloureux pour lui. »

Anita évoque ensuite les soupçons qu'elle a sur l'infidélité de son mari, puis revient à sa belle-mère : « Sans être sûre de rien, je dirais que son engouement pour sa secrétaire a commencé juste après le décès de sa mère. C'est comme s'il avait eu besoin de combler un trou dans sa vie. J'aimais bien sa mère. C'était une femme gentille, mais j'ai toujours eu le sentiment que David était plus proche d'elle que de moi. C'est dingue, non ? Être jalouse de sa belle-mère… »

J'encourage Anita à m'en dire plus sur la famille de David. « Mis à part son père, poursuit-elle, il pense que sa famille est formidable. C'est à cause de sa mère, bien sûr. C'était une sainte. Son père était extrêmement dur avec les enfants. Ils ne pouvaient se tourner que vers leur maman, qui était une vraie mère nourricière. Elle savait très bien écouter et elle était là pour eux. »

Anita semble soulagée de pouvoir parler d'autre chose

que des doutes qu'elle nourrit à l'égard de son mari. « Avant la mort de sa mère, David a fait installer la moquette dans la maison de ses parents et leur a acheté deux fauteuils inclinables parce qu'il savait que son père ne le ferait jamais. Il conduisait sa mère où elle voulait parce qu'il savait que son père ne le ferait pas. Il s'occupait beaucoup d'elle – je crois que c'était pour compenser tout ce qu'elle avait dû endurer en vivant avec son père. Un jour que j'étais en colère, je l'ai accusé de traiter sa mère mieux que moi. Il a explosé. Il m'a dit de ne jamais répéter cela. Il ne m'a pas adressé la parole pendant quinze jours. J'ai appris à ne plus mettre ce sujet sur le tapis. »

Anita fait une pause. « Pensez-vous qu'il puisse y avoir un rapport entre la mort de sa mère et le fait qu'il ait une liaison ? Ils s'aimaient tant. Peut-être que sa secrétaire remplit ce vide. Est-ce que ça vous semble idiot ? »

Ils quêtent l'approbation des femmes

Les chics types recherchent l'approbation des femmes parce que la famille et la société les ont conditionnés pour cela. Ils essayent de devenir ce qu'ils imaginent que les femmes veulent qu'ils soient et ils agissent comme ils pensent que les femmes veulent qu'ils agissent. Ce faisant, ils ressentent une immense frustration.

Celle-ci vient du fait que les femmes considèrent en général les hommes qui s'efforcent de leur plaire comme des êtres faibles et qu'elles les méprisent. La plupart des femmes n'ont rien à faire d'un tel homme. Ce qu'elles veulent, c'est un homme qui sache se plaire. Elles me racontent toutes qu'elles ne veulent pas d'une mauviette passive et dévouée. Elles veulent un homme, un vrai – un qui en ait.

En avoir

Éviter les relations entre hommes et rechercher l'approbation des femmes : cette double stratégie ôte toute possibilité aux chics types d'obtenir un jour ce qu'ils désirent réellement. Pour inverser les effets du syndrome dont ils souffrent, ils doivent retrouver leur masculinité. Ce processus implique de se persuader qu'il est vraiment bon d'être un homme et d'embrasser toutes les caractéristiques liées à cet état. En d'autres termes, un chic type qui veut guérir doit renouer avec les hommes, devenir fort, trouver des modèles masculins sains, réfléchir enfin à la relation qu'il a eue avec son père.

Renouer avec les hommes

Qui veut retrouver sa masculinité doit absolument se rapprocher des autres hommes. Construire une telle relation implique un effort conscient. Au début, il faut avoir la volonté de développer des amitiés masculines. Pour ce faire, le sujet doit être décidé à dégager le temps nécessaire, à prendre certains risques et à se rendre vulnérable. Le temps est généralement le facteur qui maintient les chics types éloignés de leurs semblables : il en faut pour parler à son voisin, appeler un ami ou aller voir un match. Comme beaucoup sont déjà empêtrés dans leurs occupations conjugales, familiales ou professionnelles, cela signifie qu'il leur faudra prendre du temps sur ces engagements-là.

Renouer avec les hommes implique de se lancer dans des activités de mecs. Il n'existe aucune méthode idéale. Cela peut donc emprunter les formes les plus diverses : s'inscrire dans une équipe, assister à des manifestations sportives, participer à un groupe de discussion, organiser des soirées de poker, faire une activité bénévole, aller pêcher, ou courir, ou juste sortir entre mecs.

Prenons le cas d'Alain. Il avait du mal à mener des activités qui lui fussent propres, notamment avec d'autres hommes. Quand il décida de faire un effort conscient pour surmonter ce problème, il dut d'abord comprendre ce qui lui faisait fuir la compagnie des hommes et envisager de prendre des mesures pour modifier ce schéma.

Alain commença donc par s'inscrire dans un groupe thérapeutique destiné aux hommes. Même là, il lui fallut plus d'un an avant de commencer à participer à des activités avec les autres en dehors des réunions. Ses camarades réussirent alors à lui faire prendre conscience des mécanismes de défense qu'il érigeait et qui l'isolaient du groupe. Ils lui apportèrent également leur soutien quand il décida de modifier la nature de ses relations conjugales.

Il s'inscrivit également dans un club de sport, où il commença le volley-ball et le jeu de paume avec d'autres hommes. Plus tard, il prit l'initiative de former une équipe de base-ball. Il lui fut au départ difficile de prendre du temps rien que pour lui, surtout quand cela voulait dire être loin de sa famille.

Cela lui a pris plusieurs années, mais Alain peut aujourd'hui compter sur deux proches amis ainsi que sur quelques autres camarades qu'il voit régulièrement. Tous les ans, il s'offre même un week-end de golf avec des amis à l'autre bout du pays. Ces virées entre hommes représentent pour lui l'un des meilleurs moments de l'année.

Alain et sa femme Marie sont convaincus que cette décision consciente de se rapprocher des hommes a sauvé leur mariage. Alain avait placé sa femme au centre de sa vie affective. Il passait son temps à essayer de lui plaire et de la rendre heureuse. Toute son existence tournait autour de cela. En raison des marchés indirects et secrets qu'il passait avec Marie, il était persuadé que celle-ci ne lui rendait jamais autant qu'il ne lui donnait : il lui en voulait et adoptait une attitude passive-agressive.

Quand il se mit à trouver auprès d'autres hommes la satisfaction de certains de ses besoins émotionnels et sociaux, la forte pression qui pesait sur sa femme diminua.

En retrouvant son énergie masculine, Alain recouvra aussi le pouvoir de séduction qu'il avait autrefois exercé sur Marie. Il avait d'abord éprouvé des difficultés à lui avouer qu'il allait passer du temps avec ses amis, mais elle respecta sa décision quand il lui en eut parlé. Ce respect raviva les sentiments qu'elle avait éprouvés envers lui au début de leur relation.

Alain découvrit donc que développer ses relations avec les hommes lui permettait notamment d'améliorer ses relations avec les femmes, ce qui, aux yeux d'un chic type, est un point essentiel. De fait, je ne cesse de répéter à mes patients : « Ce que vous pouvez faire de mieux pour votre relation amoureuse, c'est d'avoir des amis hommes. » En satisfaisant une grande part de leurs besoins affectifs auprès d'autres hommes, ils se montrent moins dépendants, demandeurs, manipulateurs et aigris dans leur relation avec les femmes.

Les chics types qui développent des relations masculines sont moins susceptibles de rechercher l'approbation des femmes ou de n'être définis que par le sexe opposé. Si leur partenaire (petite amie ou femme) se met un jour en colère contre eux ou à les trouver nuls, ils peuvent se rassurer en sachant que leurs copains les trouvent très bien tel qu'ils sont. Dès lors, ils cherchent moins à maintenir la paix ou à arrondir les angles pour faire le bonheur de leur compagne.

L'amitié entre hommes offre un potentiel infini de profondeur et d'intimité, car elle ne comporte aucune obligation sexuelle. En temps normal, en effet, les chics types se retiendront souvent d'adopter un comportement qui risquerait d'irriter leur partenaire et de l'amener à refuser d'aller au lit avec eux. Avec leurs semblables, en revanche, ils ne se sentiront pas obligés de faire plaisir, de mentir, d'être aux petits oignons ou de se sacrifier comme ils sont convaincus d'avoir à le faire avec les femmes. Cette absence de pression sexuelle fait disparaître la peur et les dysfonctions si caractéristiques des chics types dans leur relation au sexe opposé.

Rompre le lien monogamique avec la mère

En développant son relationnel masculin, le chic type contribue à dénouer le lien monogamique qu'il a tissé avec sa mère. Les petits garçons sont attirés dans des relations malsaines avec leur mère seulement quand leur père le permet. La solution pour inverser cette dynamique consiste à créer des relations saines avec d'autres hommes.

À dix-huit ans, ma fille Jamie sortit avec un garçon qui avait été conditionné pour rester fidèle à sa mère. Son père, fréquemment en déplacement pour son travail, était indisponible d'un point de vue affectif et se montrait rigide et exigeant. Sa mère étouffait son fils et faisait de lui son partenaire émotionnel.

À plusieurs reprises, Jamie eut l'impression d'être en concurrence avec cette femme sur le plan affectif et sur celui des attentions que son ami lui consacrait. Malheureusement pour elle, la mère l'emportait souvent, car elle avait eu la première des droits sur son fils. Quel sentiment étrange pour Jamie que de se sentir jalouse et rivale de la mère de son petit copain ! Elle mit cela sur le compte du lien très « proche » unissant ce dernier à sa mère.

Un vendredi soir, je sortis dîner avec ma fille. Elle me fit part de la frustration qu'elle éprouvait d'avoir à rivaliser avec la mère de son ami, d'autant que celui-ci s'était engagé dans la marine et qu'il était parti faire ses classes. Je compatis à la situation et lui expliquai ce qui se passait : « Ton ami est l'exemple classique du chic type. Il a été conditionné pour maintenir un lien monogamique avec sa mère. Cela signifie malheureusement qu'il ne sera jamais capable de se lier complètement à toi. Il y aura toujours un obstacle. Tu seras peut-être tentée de te focaliser sur cet obstacle comme s'il représentait la source du problème. Mais le vrai problème, c'est la relation qu'il a avec sa mère. »

Jamie ne fut bien entendu pas du tout heureuse d'entendre cela, mais elle avait de bonnes intuitions pour une jeune fille de dix-huit ans et elle comprit que je disais la vérité. Elle évoqua même plusieurs autres exemples de ce phénomène.

« N'y a-t-il donc aucun espoir ?, me demanda-t-elle. Ne réussira-t-il jamais à se libérer de sa mère et à être disponible pour moi ?

– Il y a une chance, lui répondis-je. Il doit apprendre à nouer avec d'autres hommes les liens qu'il a été incapable d'avoir avec son père. À mon avis, ça tombe plutôt bien qu'il soit à l'armée, puisque c'est un milieu traditionnellement masculin. Tu peux l'encourager en ce sens. Si vous continuez de sortir ensemble et si plus tard vous vous mariez, pousse-le à se rapprocher d'autres hommes. Ces relations sont ton seul espoir qu'il coupe avec sa mère. »

Environ un mois plus tard, Jamie prit l'avion avec les parents de son ami pour assister à la cérémonie de clôture des classes. La mère se montra aussi possessive que d'habitude. Mais ma fille fut stupéfaite de constater à quel point son ami avait évolué. À plusieurs reprises, il fixa des limites aux déploiements affectifs de sa mère et refusa de se laisser vampiriser. Jamie comprit que c'était le résultat de la relation amicale qu'il avait nouée avec quelques-uns de ses nouveaux camarades et de sa capacité à intégrer sa propre masculinité.

TRAVAUX PRATIQUES

Nommez trois hommes que vous souhaiteriez mieux connaître. À côté de leur nom, inscrivez une activité que vous pourriez faire avec chacun d'eux. Puis choisissez une date, notez-la, et engagez-vous à avoir contacté la personne à cette date.

Devenir fort

La masculinité est un signe de force et de puissance. Le conditionnement qu'ils ont reçu amène les chics types à se méfier de ces traits de caractère et à devenir doux tant sur le plan affectif que physique. Certains se glorifient même de cette douceur. Beaucoup font de la culture physique ou pratiquent un art martial, bien que leur force continue de les effrayer.

Intégrer sa masculinité, cela veut dire se réconcilier avec son propre corps, son pouvoir et sa grandeur. Pour y parvenir, les chics types doivent notamment cesser d'avaler n'importe quoi et entraîner leur corps à répondre aux exigences physiques que leur qualité de mâles implique : manger équilibré, cesser toute dépendance aux drogues et à l'alcool, faire de l'exercice physique, boire beaucoup d'eau, jouer, se détendre et dormir tout son saoul. Que ce soit en courant, en nageant, en soulevant des poids, en pratiquant un art martial, en jouant au basket, au volley ou au tennis, cette force physique se traduira en confiance en soi et en pouvoir dans tous les compartiments de la vie.

Éric, un avocat d'une cinquantaine d'années, vient me voir pour résoudre ses problèmes de couple. Lors de la première séance, deux choses me sautent aux yeux : d'abord, j'ai en face de moi un chic type ; ensuite, cet homme a un problème d'alcool. Je lui dis donc que je le prendrai comme patient à la condition qu'il fasse un bilan pour évaluer son degré de dépendance, qu'il cesse de boire et s'inscrive aux Alcooliques anonymes. Éric se plie à toutes mes exigences et demande en outre à intégrer un groupe de parole pour libérer du syndrome du chic type.

Au cours des mois qui suivent, la relation d'Éric et de sa femme connaît des hauts et des bas. En plus de ses difficultés conjugales, il apparaît vite que mon patient a un ensemble d'autres problèmes liés à son mode de vie. Il s'alimente essentiellement de fast-food, fume comme un pompier et ingurgite d'innombrables tasses de café. Ses journées de travail sont interminables et il ne fait pas le moindre exercice.

Petit à petit, Éric s'attelle à la tâche, cherchant à régler ses problèmes les uns après les autres. Il prend sur ses heures de bureau pour assister aux réunions des Alcooliques anonymes et passer du temps avec des chics types qui, comme lui, sont désireux de s'en sortir. Il décide de subir l'opération qu'il repoussait depuis des années. Comme il n'aura pas la possibilité de fumer pendant les quelques jours qui suivront l'intervention, il se dit qu'il ferait aussi bien de s'arrêter pour de bon. Après l'opération, il commence à profiter de l'heure du déjeuner pour sortir se balader. Il se met à boire davantage d'eau et à diminuer sa consommation de café, de jus de fruits et de sodas. Il prend même une semaine de congé pour aller pêcher avec un ami en Alaska.

Environ dix mois après avoir intégré le groupe de parole, Éric m'annonce qu'il s'apprête à entamer une procédure de divorce. Les transformations de son style de vie et le soutien du groupe l'avaient amené à prendre conscience que les relations agressives qu'il entretenait avec sa femme constituaient la dernière de ses mauvaises habitudes – et que celle-ci devait, comme les autres, disparaître. Lorsqu'il fait part de sa décision aux membres de son groupe, il leur confie que sa femme leur fait porter la responsabilité de l'échec de son mariage.

Éric sourit avant d'essuyer une larme. « Grâce à vous, je me sens fort. Sans votre aide, je n'aurais jamais été capable d'accomplir tous ces changements. Vous n'avez pas tué mon mariage, vous m'avez sauvé la vie. »

TRAVAUX PRATIQUES

Citez trois façons que vous avez de négliger votre corps. Notez ensuite trois façons qui vous permettraient de prendre meilleur soin de vous-même.

Trouver des modèles masculins sains

J'encourage mes patients à imaginer à quoi pourrait, à leur avis, ressembler un homme sain et à réfléchir aux traits de caractère masculins qu'ils souhaiteraient développer. Avec cette image en tête, ils peuvent se mettre en quête d'hommes offrant ce type de qualités. Peut-être les rencontreront-ils dans leur communauté religieuse, dans leur entreprise, dans leur club de sport. Ce seront même parfois des personnages qu'ils ont vus à la télévision ou au cinéma. En observant leur mode de vie ainsi que leurs interactions avec leur entourage, les chics types commenceront à assimiler un modèle de virilité plus positif.

J'ai moi aussi accompli ce travail. Je me suis lié d'amitié avec tel homme qui avait des activités typiquement masculines ; j'ai noué des liens avec tel autre qui travaillait beaucoup ; je me suis rapproché d'un troisième qui n'avait pas peur de révéler ses sentiments intimes ni de partager ce qu'il ressentait ; j'ai fait la connaissance d'un quatrième qui excellait à prendre des risques et à se lancer des défis. À sa manière, chacun m'a aidé à comprendre ce que signifiait être un homme, chacun a été pour moi un modèle qui m'a permis de renouer avec ma masculinité.

TRAVAUX PRATIQUES

Demandez-vous à quoi, selon vous, devrait ressembler un mâle sain. Visualisez-le en pensée. Quels traits composeraient sa personnalité ? Notez vos réponses. Connaissez-vous quelqu'un qui possède certaines de ces caractéristiques ? De quelle façon pourriez-vous prendre cette personne comme modèle pour redécouvrir votre propre masculinité ?

Réfléchir à la relation que l'on a eue avec son père

J'ai déjà eu l'occasion de dire que la plupart des chics types affirment ne pas avoir bénéficié d'une relation proche avec leur père quand ils étaient enfants. Celui-ci était soit passif, soit distant, absent, ou défini de manière négative. Retrouver sa masculinité implique de se pencher sur la relation que l'on a eue avec son père et de porter sur elle un regard d'adulte.

Le cas de Mathieu, un analyste programmeur de quarante-cinq ans, illustre ce processus. Il avait affirmé, au cours d'une réunion de son groupe de parole, qu'il n'avait pas la moindre intention d'assister à l'enterrement de son père quand celui-ci mourrait. Des mois plus tard, après avoir exploré avec l'aide du groupe sa relation à son père, il décida de l'affronter la prochaine fois qu'il ne serait pas invité à une réunion de famille.

La mère de Mathieu avait toujours décrit son père comme le vilain face auquel elle se posait en victime. En parlant de lui, Mathieu prit conscience que, même s'il n'était pas parfait, il n'était pas aussi méchant que sa mère avait voulu le faire croire. Cet entretien lui permit également de comprendre qu'il avait reproduit un scénario similaire avec sa femme, qui incarnait la vilaine alors qu'il était la victime. Son coup de téléphone ne modifia pas seulement la relation qu'il avait avec son père, mais aussi celle qu'il entretenait avec sa femme.

Pour un chic type, se pencher à nouveau sur la relation au père signifie accepter de voir ce dernier tel qu'il est réellement, c'est-à-dire le faire avec ses propres yeux. Il s'agit de le sortir du caniveau où il a été jeté, ou encore de le descendre du piédestal sur lequel il a été placé. Cela peut impliquer de lui demander des comptes en exprimant des sentiments qui ont jusqu'ici été occultés – y compris la fureur ou la colère. Cette démarche est essentielle, même si le père a disparu. Elle se déroule parfois en présence de celui-ci, parfois en son absence. Au fond, peu importe que le père ne soit pas prêt à entreprendre ce travail. Ce qui importe, en revanche, c'est que le fils en vienne à intégrer l'héritage masculin que son père et lui ont en commun.

L'objectif est de trouver un moyen qui permette au chic type de porter sur son père un regard plus juste. Il sera alors capable de commencer à accepter cet homme pour ce qu'il fut et pour ce qu'il est : un être humain meurtri. Cette évolution est primordiale si l'on veut réussir à porter sur soi-même un jugement conforme à la réalité, s'accepter tel qu'on est et se réapproprier sa masculinité.

TRAVAUX PRATIQUES

Intégrer sa masculinité nécessite de porter sur son père un regard plus juste. Pour faciliter ce processus, faites une liste. À gauche, vous noterez un certain nombre de traits de caractère de votre père. Indiquez la caractéristique contraire dans la colonne de droite, au même niveau. Inscrivez ensuite à quel niveau du spectre vous pensez vous situer.

Les chics types qui font cet exercice sont souvent surpris de ce qu'ils découvrent sur leur père et sur eux-mêmes.

Ils prennent conscience qu'ils ont souvent caricaturé leur père, donnant de lui une image déformée par rapport à la réalité.

Dans certains cas, ils se rendent compte que dans la mesure où l'homme qu'ils sont devenus s'est formé en réaction à l'image qu'ils s'étaient forgés de leur père, ils sont à leur tour devenus une caricature. L'opposé de « fou » est toujours « fou ».

Ils comprennent que si leur vie s'est construite en réaction contre leur père, alors c'est toujours ce dernier qui mène la danse.

Ils découvrent qu'ils peuvent très bien être différents de leur père sans pour autant devoir être son contraire.

Ils en viennent souvent à voir qu'ils ont davantage de traits communs avec leur père qu'ils ne le pensaient ou ne voulaient l'accepter jusqu'ici.

De la limace au papillon

En élevant mes fils, je prends conscience que le monde dans lequel ils grandissent est presque en tous points semblable à celui qui a produit ma génération de chics types. Les garçons sont déconnectés des hommes et dépendants de l'approbation qu'ils réussissent à grappiller auprès des femmes.

Un été, nous avons emménagé dans une nouvelle maison. C'était juste avant l'entrée de mon fils Steve au CM2. En assistant à la journée « portes ouvertes » de son école, la réalité m'apparut : du jardin d'enfants jusqu'à l'entrée en sixième, il n'y avait qu'un seul instituteur dans toute l'école. Cela représentait un taux de un sur vingt environ. Les enseignants étaient présentés niveau après niveau, puis rejoignaient leurs collègues au milieu du gymnase : je pus alors me faire une image très précise de l'environnement dans lequel ces petits garçons allaient passer les années les plus impressionnables de leur existence.

Ayant moi-même réussi à surmonter le syndrome du chic type, j'ai la chance inespérée de pouvoir transmettre un nouveau modèle de masculinité non seulement à mes fils et à mes filles, mais encore à toute une génération de garçons et de filles. Plus je passe de temps au contact de chics types et plus j'en suis persuadé. Malheureusement, nos sociétés proposent peu de rituels qui permettent à des mâles adultes d'aider les garçons à quitter le confort d'une nurserie dominée par des femmes (que ce soit la maison, le jardin d'enfant ou l'école) et entrer dans le monde de la virilité adulte. Robert Bly souligne l'importance de tels rituels dans *L'Homme sauvage et l'enfant* : « Dans les sociétés "primitives", les garçons sont en général élevés par les femmes jusqu'au tout début de l'adolescence. Quand il est temps pour eux de quitter la sphère de l'influence féminine pour entrer dans le monde des hommes, les hommes de la tribu organisent un raid. Ils se parent de leurs peintures de guerre, pénètrent dans le village et volent les enfants à leur mère. Au signal, les femmes se mettent à pleurer, protestent et font de leur mieux pour retenir les enfants. Une fois que les hommes ont emmené les enfants à l'écart du village pour leur période d'initiation, les femmes se rassemblent et se demandent mutuellement : "Comment ai-je été ? Étais-je crédible ?" Dans ces cultures, les hommes et les femmes travaillent ensemble pour faciliter le processus de transition et d'initiation. »

De nos jours, les garçons s'efforcent de quitter un monde géré par les femmes, mais ils ne peuvent y parvenir seuls. Selon ma théorie, la période pendant laquelle les adolescents s'habillent n'importe comment, ont l'air échevelé, font preuve d'un comportement agressif, se terrent dans leur chambre, se tiennent mal, mettent leur musique à fond, jurent et crachent, leur permet inconsciemment de se rendre si peu attrayants que personne, y compris leur mère, ne pourra plus les supporter. Cela les aide à dénouer le lien symbiotique qui les unit à cette dernière. Cependant, ces jeunes hommes ont toujours besoin de l'aide de mâles adultes pour les séparer de leur mère sans s'en sentir coupable ni honteux et sans adopter un comportement autodestructeur.

Je pense que d'anciens chics types peuvent remplir ce rôle et permettre à des jeunes de trouver un modèle plus sain, les aider à comprendre ce qu'être un homme signifie dans notre culture. Car il y a certaines choses qu'un garçon ne peut apprendre que d'un homme. Tout en intégrant leur propre masculinité, les chics types peuvent montrer à leur fils comment prendre en charge leur agressivité, assumer leur libido, nouer des relations avec les femmes, se lier à un homme et, surtout, intégrer leur propre masculinité. Les hommes transmettent cet enseignement-là par l'exemple et par leurs interactions avec les jeunes.

Côtoyer mes fils adolescents et leurs amis m'est très profitable en tant qu'ancien chic type. Auprès d'eux, je peux observer sans contrainte la virilité en action. Si je leur apprends à gérer les effets comportementaux induits par les poussées de testostérone, notamment en matière d'agressivité, ils me montrent de leur côté comment intégrer au mieux les miens.

Ce processus réciproque requiert temps et interaction. Les pères doivent aller à la pêche avec leurs fils, bricoler leur voiture à leurs côtés, les emmener au bureau, les suivre dans le sport qu'ils pratiquent, assister à des matchs avec eux, s'entraîner avec eux, les emmener en voyages d'affaires et les laisser venir avec eux lors de certaines sorties entre hommes. Toutes ces activités aideront les jeunes garçons à réussir leur entrée dans le monde des hommes.

Cette action ne se limite pas à ses propres enfants. Les chics types feront éventuellement participer de plus jeunes frères, cousins ou neveux. Ils peuvent également agir dans le cadre du scoutisme, de leur équipe de sport ou d'activités scolaires. Prenons l'exemple de Théo, un célibataire de trente-huit ans. Un soir, au cours de la réunion hebdomadaire de son groupe de parole, il évoqua son neveu qui était élevé par sa sœur, une mère célibataire. Théo se doutait de ce que vivait le garçon, car celui-ci manifestait sa rébellion de la même façon que lui au même âge, notamment en buvant beaucoup. Le groupe encouragea Théo à tendre la main à son neveu et à avoir sur lui une influence masculine positive.

La semaine suivante, Théo affichait un sourire radieux. Il raconta qu'il avait emmené le jeune homme dans un magasin de bricolage et qu'ils avaient construit tous les deux un établi. Son neveu s'était montré ravi d'être en contact avec un homme. Théo avait le sentiment d'avoir fait quelque chose de positif pour aider un jeune homme en difficulté.

TRAVAUX PRATIQUES

Réfléchissez aux moyens dont vous disposez pour élaborer un système de référence masculin sain pour les jeunes garçons et jeunes hommes que vous connaissez. Choisissez trois garçons et décidez de l'activité à laquelle vous pourrez prendre part avec eux.

Les filles aussi

Les filles peuvent elles aussi tirer avantage de cette énergie masculine retrouvée. Luc avait une fille de douze ans atteinte d'un cancer des os. On avait dû l'amputer d'une jambe et lui faire subir une chimiothérapie associée à de la radiothérapie. Elle avait donc passé un temps infini sur un lit d'hôpital. Un vendredi soir, alors que Luc était assis aux côtés de sa fille, les membres de son groupe de parole débarquèrent à l'improviste pour l'emmener dîner.

Outre qu'ils apportaient un soutien à leur camarade à un moment difficile, ces hommes produisirent un résultat tout à fait inattendu : revigorée par leur présence, la fillette réussit à s'asseoir et chacun la serra dans ses bras. Cette nuit-là, elle eut besoin de moins de médicaments et dormit mieux qu'elle ne l'avait fait depuis des semaines. Le jour suivant, elle parlait à tout le monde de « ses hommes » qui étaient venus lui rendre visite la veille.

Les chics types qui cherchent à s'en sortir peuvent ainsi fournir à leur fille un modèle sain. Voir son père poser des limites, s'exprimer de façon claire et directe, travailler dur, créer, produire, avoir comme amis d'autres hommes et accorder la priorité à ses propres besoins, tout cela ne peut qu'être bénéfique à celle-ci. Observer son père et, comme ses frères, tisser des liens avec lui, permet à la fille d'avoir une représentation positive de l'homme qui ne sera pas sans influencer le choix de son futur partenaire.

CHAPITRE VII

Trouver l'amour

« Je suis victime de son dysfonctionnement. » C'est par cette phrase que Christian, un homme d'affaires de trente-cinq ans, commença l'analyse de sa relation avec sa femme Danielle. Malgré son mètre quatre-vingt-dix, son costume sombre et sa cravate, Christian avait l'air d'un petit garçon, assis sur le divan de mon cabinet. La frustration et l'impuissance qu'il ressentait face à la plus intime de ses relations ne pouvaient échapper à personne.

Quand Christian évoquait son mariage, il devenait vite évident qu'il était intimidé par sa femme. Il affirmait qu'elle était « tout le temps en colère » et il employait des mots tels que « impitoyable » et « rouleau compresseur » pour la décrire. Redoutant sa fureur, il lui mentait et évitait toute interaction avec elle.

« En bien des façons, me confia-t-il, Danielle ressemble à ma mère. Il n'y avait jamais moyen de la satisfaire. J'avais appris à l'éviter et à faire la sourde oreille quand elle râlait. Je mentais à la perfection et j'excellais à dissimuler tout ce que je ne voulais pas qu'elle sache. On dirait que je n'ai pas perdu la main. » Ramenant la discussion à aujourd'hui, il ajouta : « Pour le reste, ma vie est formidable. S'il n'y avait pas Danielle, ce serait parfait. Je crois qu'elle ne sait tout simplement pas être heureuse. »

Intimes inconnus

En général, les chics types poussent la porte de mon cabinet pour l'une des deux raisons suivantes : quelque chose – par exemple une liaison, une addiction à la pornographie, une consommation de drogue – qu'ils dissimulaient leur a explosé au visage et a provoqué une crise avec leur partenaire. Mais le plus souvent, leur recours à un thérapeute est motivé par un problème dans leurs relations intimes ou une insatisfaction ressentie à cet égard : leur partenaire ne veut pas faire l'amour aussi souvent qu'ils le voudraient, elle est déprimée, désagréable, indisponible, infidèle, voire tout cela en même temps.

Ces hommes pensent souvent qu'il existe une réponse simple à leur problème. Certains sont persuadés que tout ira de nouveau bien s'ils parviennent à arrêter de faire *la* chose qui ne cesse de provoquer la colère de leur partenaire. Les autres croient que la vie serait formidable si leur partenaire acceptait de changer.

(La plupart des hommes avec qui je travaille sont hétérosexuels. Bien que j'aie eu l'occasion de constater le même type de difficultés relationnelles chez des homosexuels, les exemples dont je me sers ici sont en grande partie le reflet de relations entre hommes et femmes. J'aurai donc le plus souvent recours aux pronoms « elle » et « sa » pour me référer à la personne qui partage la vie du chic type, mais chacun est libre d'en tirer les conclusions qui s'appliquent à son propre cas.)

Les relations intimes sont souvent un domaine d'immenses frustrations et incompréhensions pour les chics types. La majorité d'entre eux font état d'un grand désir d'intimité et de bonheur avec celle qu'ils ont choisie. Cela n'empêche pas qu'aux yeux de ces hommes l'intimité a la forme d'une charade incompréhensible. Même s'ils professent souvent un profond désir de connexion intime avec un autre être, la honte toxique qu'ils ont intériorisée et les mécanismes de survie qu'ils ont hérités de leur enfance rendent une telle connexion difficile et problématique.

Plusieurs raisons viennent expliquer que les chics types rencontrent des difficultés à trouver l'amour dont ils rêvent. En voici quelques-unes : la honte toxique, la relation dysfonctionnelle qu'ils ont contribué à créer, leurs stratégies de capture et d'évitement, la reproduction de modèles relationnels familiers hérités de l'enfance, leur besoin inconscient de préserver le lien monogamique qui les unit à leur mère, leur acharnement à faire fonctionner ce qui ne fonctionne pas.

La honte toxique, obstacle à l'amour

L'intimité implique la vulnérabilité. Je la définis comme le fait de « se connaître soi-même, être connu par l'autre et connaître l'autre ». Elle requiert la participation de deux personnes disposées à scruter courageusement et dans la transparence les abîmes de leur moi le plus profond. Cette exposition au regard de l'autre est ressentie par le chic type comme une réelle menace, car sa partenaire, en l'approchant de si près, pourrait se trouver en position de distinguer toutes les plaies et blessures de son âme. Être connu signifie pour lui être découvert. Ne s'est-il pas échiné à devenir ce qu'il pense que les autres veulent qu'il soit tout en essayant de dissimuler ce qu'il considère comme des faiblesses ? Les exigences de l'intimité représentent tout ce que les chics types redoutent le plus.

Le chic type contribue à créer le problème de couple

Parce qu'il tente sans arrêt de dissimuler les aspects de sa personnalité qu'il juge négatifs, le chic type finit par saper l'intimité qu'il prétend vouloir établir avec sa compagne. Du moment où cet homme entame une relation, il se livre à un perpétuel jeu d'équilibre. Dans le domaine amoureux, une lutte sans merci oppose son angoisse de la vulnérabilité à sa peur de la solitude. La vulnérabilité signifie qu'en l'approchant de trop près, sa partenaire risque à tout moment de voir la noirceur de son âme. Or le chic type est persuadé que cette découverte amènera l'autre à lui faire du mal, à lui faire honte, ou à le quitter. La solution alternative, la solitude, ne paraît pas meilleure : en s'isolant des autres, le chic type recrée le sentiment d'abandon qui l'avait terrorisé quand il était enfant.

Ces hommes ont besoin d'aide pour réussir à contrebalancer la double crainte d'être vulnérables et d'être abandonnés. Cette aide, ils vont la trouver chez des partenaires qui ont subi les mêmes blessures et éprouvent le même genre de peur à l'égard de l'intimité. Ensemble, ils créeront une relation aussi frustrante pour l'un que pour l'autre, mais qui les protégera de l'angoisse d'être découverts.

On pourrait penser que c'est leur partenaire qui est à l'origine des nombreux problèmes amoureux rencontrés par les chics types. En réalité, il n'en est rien. C'est la relation même qui est en cause.

Il est vrai que les chics types choisissent parfois des compagnes un peu perturbées. Mais c'est précisément parce qu'elles ont des défis à relever – mères célibataires, femmes confrontées à des problèmes financiers, agressives, addictives, dépressives, en surcharge pondérale, asexuelles, infidèles, etc. – qu'ils les font entrer dans leur vie. Aussi longtemps que l'attention est focalisée sur les faiblesses de leur partenaire, personne ne s'occupe de la honte toxique des chics types. Ce funambulisme est la garantie que la relation la plus proche risque fort d'être aussi la moins intime.

Stratégie de capture et stratégie d'évitement

Le funambulisme intime des chics types joue sur deux registres différents. Soit le sujet s'implique démesurément dans la relation amoureuse au détriment de sa propre personne et d'autres centres d'intérêt extérieurs. Soit il est indisponible envers sa partenaire sur le plan affectif tout en jouant le rôle du chic type à l'extérieur du couple. Dans le premier cas, il capture sa partenaire dans ses filets, dans le second, il évite toute relation intime avec elle.

Le chic type qui capture sa partenaire fait d'elle le centre de sa vie affective. Son univers évolue autour d'elle. Elle est plus importante que son travail, ses copains, ses loisirs. Il fera tout ce qu'il peut pour la rendre heureuse. Il lui offrira des cadeaux, cherchera à résoudre ses problèmes et organisera son propre emploi du temps pour être avec elle. Il sacrifiera volontiers ses désirs et besoins pour gagner son amour. Il tolérera même ses humeurs, ses crises de colère, ses addictions et sa froideur affective et sexuelle – tout cela parce qu'il « l'aime tant ».

Je compare parfois ces hommes à des « chiens-chiens à sa mémère ». Ils ressemblent en effet à ces petits chiens qui s'installent au pied de la table de la salle à manger au cas où un morceau de nourriture viendrait à tomber. Ils se livrent à la même routine tournoyante avec leur partenaire dans l'espoir que celle-ci manifeste une étincelle d'intérêt sexuel, condescende à leur accorder une seconde de son temps, un éclair de bonne humeur ou une parcelle de son attention. Pourtant, bien qu'ils se contentent des restes, ils sont persuadés d'obtenir les meilleurs morceaux.

En apparence, cet homme-là désire nouer une relation intime, mais ce n'est qu'une illusion. Tout son comportement vise à piéger sa compagne, à la capturer dans ses filets affectifs. Une fois qu'il l'a faite prisonnière, il peut lui extirper la moindre parcelle de vie pour combler le vide qui se trouve en lui. Quant à elle, ayant inconsciemment percé ses intentions cachées, elle se démène comme un beau diable pour maintenir son partenaire à bonne distance et l'empêcher de lancer ses filets sur elle. C'est pourquoi, d'ailleurs, on l'accuse souvent de faire obstacle à l'intimité désirée par son compagnon.

Le chic type qui choisit la stratégie d'évitement est plus difficile à identifier, tant il semble faire passer son travail, ses loisirs, ses parents et tout le reste avant sa relation amoureuse. Sa compagne ne s'apercevra pas toujours qu'elle vit avec un chic type puisque celui-ci se montre souvent plus gentil avec les autres qu'avec elle. Il ira proposer au voisin de lui donner un coup de main pour réparer sa voiture ; à moins qu'il ne passe des week-ends entiers à réparer le toit de la maison de sa mère ; ou qu'il n'ait deux ou trois boulots en même temps ; ou encore qu'il ne consacre tout son temps à superviser les activités sportives de ses enfants. Même s'il ne suit pas sa partenaire partout pour satisfaire le moindre de ses caprices, il a néanmoins passé avec elle un marché indirect et secret aux termes duquel sa partenaire devrait être disponible pour lui, même si lui ne l'est pas pour elle : normal, c'est un chic type.

Ces deux modes de fonctionnement, capturer ou éviter, empêchent la formation d'une intimité réelle au sein du couple. De plus, si les chics types peuvent éventuellement en retirer un sentiment de sécurité, ils ne se sentiront toujours pas aimés.

TRAVAUX PRATIQUES

Demandez-vous si, dans votre relation du moment, vous êtes plutôt du genre à capturer ou à éviter. Comment votre partenaire vous verrait-elle ? Le modèle change-t-il parfois ? Quels autres rôles avez-vous joué dans vos relations passées ?

La reproduction des modèles relationnels hérités de l'enfance

Il est dans la nature de l'homme d'être attiré par ce qui lui semble familier. Ainsi les relations adultes du chic type sont-elles le reflet de celles, dysfonctionnelles, de son enfance. En voici quelques exemples.

Si, quand il est petit, il a le sentiment d'être lié à sa mère parce qu'il écoute celle-ci lui raconter ses problèmes, il est possible qu'il grandisse avec l'idée que l'écoute est synonyme d'intimité. Pour se sentir utile, mais aussi lié à sa partenaire, il sera amené à choisir une femme ayant son lot de problèmes à partager.

S'il a été habitué à prendre soin des autres ou à régler les difficultés des membres de sa famille qui se trouvaient dans le besoin, le chic type cherchera le moyen de faire la même chose dans ses relations d'adulte.

S'il croit que ses propres besoins passent après ceux de personnes plus importantes, il risque plus tard de se sacrifier pour sa partenaire.

S'il a été abandonné durant l'enfance, il choisira probablement des partenaires indisponibles ou infidèles.

S'il a grandi avec une mère coléreuse, toute-puissante ou étouffante, il est probable qu'il choisisse une femme possédant des traits de caractère similaires.

Parfois, la personne choisie par le chic type pour l'aider

à recréer les modèles relationnels de son enfance ne correspond pas, au début, à celle qu'il recherche inconsciemment. Dans ce cas, il aidera celle-ci à le devenir. Il pourra ainsi projeter sur elle un ou plusieurs traits de caractère de ses parents. Il agira avec elle comme si elle était une personne différente. Ses besoins dysfonctionnels inconscients obligeront littéralement sa partenaire à se comporter de manière aussi dysfonctionnelle.

Prenons un exemple. Quand j'étais enfant, je ne savais jamais, avant d'entrer à la maison, dans quel état d'esprit se trouverait mon père. Le plus souvent, il était d'une humeur massacrante. J'appris donc à rentrer chez moi en me préparant au pire. Plus tard, j'ai recréé ce modèle avec ma femme, projetant sur elle l'humeur imprévisible de mon père. Fréquemment, lorsque j'arrivais à la maison, j'étais préparé à l'idée qu'Élisabeth serait en colère. Même si elle était de bonne humeur, le fait que je sois sur la défensive occasionnait souvent des frictions entre nous. Ainsi, tandis que je perpétuais une dynamique relationnelle certes familière, mais aussi négative, Élisabeth se mit à ressembler à mon colérique de père.

TRAVAUX PRATIQUES

Nous avons tendance à être attirés par des personnes possédant quelques-uns des pires traits de caractère de nos deux parents. Au lieu de faire porter sur votre partenaire la faute de ce choix inconscient, essayez d'identifier les moyens par lesquels elle vous aide à recréer des modèles relationnels hérités de votre enfance. Parlez-en avec elle.

Le besoin inconscient de préserver une relation monogamique avec la mère

Les chics types ont tendance à rester fidèles à leur mère. C'est un frein sérieux au développement d'une relation véritablement intime avec leur partenaire à l'âge adulte. Ils font preuve d'une imagination débordante dès qu'il s'agit de protéger ce lien enfantin. Tous les comportements qu'ils élaborent dans ce but ont en commun de garantir avec une parfaite efficacité qu'ils demeureront toujours incapables de se lier de manière significative avec une autre femme que leur mère.

TRAVAUX PRATIQUES

Voici quelques-unes des façons dont les chics types maintiennent un lien monogamique avec leur mère. Étudiez cette liste. Notez les modèles comportementaux auxquels vous avez vous-même recours pour entretenir ce lien. Parlez-en à une personne de confiance.

– Investissement trop important dans vos activités professionnelles ou vos loisirs.

– Tendance à vous lier à des personnes en détresse.

– Addiction à la drogue ou à l'alcool.

– Addiction à la pornographie, à la masturbation, aux fantasmes, aux rencontres sur Internet ou par le Minitel, recours à des prostituées.

– Liaisons.

– Troubles sexuels (absence de désir, incapacité à atteindre ou à maintenir une érection, éjaculation précoce).

– Tendance à vous lier à des femmes agressives, malades, dépressives, infidèles, au comportement compulsif, addictif, ou plus généralement indisponibles.

– Refus de toute relation sexuelle ou vœux de célibat.

S'échiner à faire fonctionner ce qui ne fonctionne pas

Les chics types s'échinent à vouloir faire fonctionner des relations vouées à l'échec. Leur problème n'est pas nouveau : ils cherchent l'amour là où il ne se trouve pas. En s'enferrant comme ils le font dans une relation négative, ils n'ont à peu près aucune chance d'en établir une qui soit susceptible de mieux fonctionner.

Quand un individu sain prend conscience que la relation dans laquelle il se trouve ne lui convient pas ou que la partenaire qu'il a choisie n'a pas les qualités de base qu'il recherchait, il passe à autre chose. Pas le chic type. Son conditionnement le pousse à se donner encore plus de mal pour essayer de faire aboutir une situation de toute évidence sans issue ou pour transformer sa partenaire en ce qu'elle n'est pas. Cette tendance frustre tout le monde, le chic type comme sa compagne.

Il faut bien reconnaître que même s'ils tentent de rompre une liaison, les chics types se montrent maladroits. Ils se décident en général trop tard et procèdent de façon indirecte, accusatrice ou blessante. Ils doivent souvent s'y reprendre à plusieurs fois avant de parvenir à leurs fins. Je dis souvent en plaisantant qu'il faut en moyenne neuf tentatives à un chic type pour réussir à rompre, et je ne suis malheureusement pas si loin de la vérité.

Comment établir une relation saine

La relation parfaite n'existe pas. Le partenaire parfait non plus. Les relations humaines et plus particulièrement amoureuses sont par nature chaotiques, pleines de surprises et exigeantes. Je ne vous apprendrai pas ici comment trouver la compagne idéale ni créer la relation parfaite. Je vous propose simplement un ensemble de stratégies efficaces. En adaptant les points qui suivent à leur propre expérience et en modifiant leur mode de vie, les chics types qui souhaitent s'en sortir réussiront à transformer leur processus relationnel. Ils peuvent ainsi se montrer satisfaits de ce qu'ils sont et de ce qu'ils ont ; se faire passer en premier ; s'ouvrir à des personnes de confiance ; éliminer les marchés secrets et indirects ; assumer leurs propres besoins ; lâcher prise ; s'ancrer dans la réalité ; exprimer leurs sentiments ; développer leur intégrité ; poser des limites ; intégrer leur masculinité.

Les chapitres précédents ont montré, au travers d'histoires vécues, les transformations que peut connaître une relation lorsque des chics types décident de modifier leur mode de vie. Examinons maintenant d'un peu plus près comment la mise en œuvre de quelques-unes de ces stratégies est susceptible de les aider à trouver l'amour.

AVERTISSEMENT

Si vous êtes actuellement dans une relation amoureuse, le programme proposé ici ne manquera pas de vous affecter profondément, ainsi que votre partenaire. Vous verrez alors se produire l'un ou l'autre des deux phénomènes suivants :

– Votre relation actuelle se renforcera et évoluera de manière excitante, mais imprévisible.

– Votre relation actuelle prendra fin, ce qui aurait dû être depuis longtemps le cas.

Se satisfaire de ce qu'on est et de ce qu'on a

Prendre la décision consciente de profiter de la vie dont on a envie est l'un des facteurs essentiels de la réussite du programme que je propose. J'encourage souvent mes patients à être tout simplement eux-mêmes, sans réserve. Je les soutiens quand ils décident de ce qui leur convient et les pousse à investir toute leur énergie dans les projets qu'ils forment. Il s'agit de prendre le monde à témoin de leur transformation : les personnes qui les aiment tels qu'ils sont leur resteront fidèles ; les autres s'éloigneront. C'est une condition indispensable à toute relation saine. Qui pourrait souhaiter devoir mentir ou dissimuler sa personnalité profonde pour amener une autre personne à l'aimer ou à rester avec lui ? Et pourtant, une telle dynamique se trouve souvent à l'œuvre dans les relations amoureuses des chics types.

L'exemple de Georges montre ce qui peut arriver quand un chic type décide de se faire plaisir au lieu de faire plaisir à sa partenaire. Depuis le début de sa relation avec sa femme Suzanne, Georges a pour but de la rendre heureuse. En cinq ans, il a laissé tombé la pêche et la chasse, deux de ses passions, cessé de sortir avec ses copains, abandonné la gestion de ses finances à sa femme ; il l'a aussi soutenue quand elle a décidé d'arrêter de travailler parce que son boulot ne lui plaisait pas. Ces changements sont intervenus progressivement, mais ils ont tous eu pour objectif de faire plaisir à Suzanne.

Pourtant, celle-ci est rarement satisfaite. Au moment où il s'inscrit dans un groupe de parole, Georges est un homme désemparé, plein de ressentiment, et il s'apprête à quitter sa femme. Il voit en elle la cause de ses frustrations. Après son arrivée dans le groupe, il passe les premières semaines à se plaindre de Suzanne. Les autres membres finissent par lui demander pourquoi il adopte ce comportement de victime et l'invitent à agir différemment au lieu de rejeter la faute sur sa femme.

Cela prend encore quelques mois, puis Georges se met à changer. La décision consciente de cesser de vouloir faire le bonheur de Suzanne constitue sans doute le changement le plus significatif. Il a compris que les efforts qu'il déploie pour lui plaire sont voués à l'échec et sont pour lui une source de ressentiment.

Il commence par prendre un week-end par mois pour partir chasser ou pêcher. Quand sa femme essaye par diverses méthodes de le manipuler ou de lui donner mauvaise conscience, il tient bon. Puis, au lieu de remettre son chèque de salaire à Suzanne, il en garde une partie qu'il s'autorise à dépenser comme bon lui semble. Suzanne tente bien de résister une nouvelle fois. L'étape la plus délicate est sans doute celle où Georges décide d'un budget et dit à sa femme qu'elle devra se remettre à travailler à plein temps si elle veut avoir son mot à dire sur l'utilisation de leurs revenus.

Curieusement, on observe alors deux phénomènes : Georges cesse de se poser en victime et commence au contraire à développer des sentiments plus positifs à l'égard de sa femme ; quant à Suzanne, elle se met à assumer la responsabilité de sa propre vie et à moins dépendre de son mari. Un an après son arrivée dans le groupe, Georges déclare être beaucoup plus satisfait de son sort et confie que son mariage s'est bien amélioré. Il attribue cette réussite aux encouragements des membres du groupe, qui l'ont poussé à trouver le courage d'essayer faire passer son plaisir en premier et de cesser de vouloir faire le bonheur de Suzanne.

TRAVAUX PRATIQUES

Demandez-vous de quelle façon vous cherchez à faire le bonheur de votre partenaire. Faites la liste. Quels changements voudriez-vous apporter à votre relation si vous n'aviez pas à vous soucier de rendre à tout prix votre femme heureuse ?

Poser des limites

Ce thème a déjà été évoqué au chapitre v. Il est au cœur des relations amoureuses des chics types. En traçant des limites saines entre leur partenaire et eux, ils permettront que se produisent des situations où ni l'un ni l'autre n'aura peur de se montrer vulnérable et de faire l'expérience d'une réelle intimité.

Je montre à mes patients comment ils peuvent se rapprocher de la ligne qu'ils ont symboliquement tracée au sol et fixer des frontières. Je le fais souvent en présence de leur partenaire et j'ai plus d'une fois vu celle-ci applaudir pendant la démonstration. L'homme se tourne alors vers sa compagne, complètement estomaqué : « Chérie, tu veux dire que tu voudrais que je te tienne tête ?

– Bien sûr, répond-elle. Je ne tiens pas à être mariée à quelqu'un que je peux piétiner comme un paillasson. »

Mais voici ce que j'ajoute en guise d'avertissement : « Votre femme vous dit la vérité. Savoir qu'elle peut vous balader au gré de ses caprices ne la rassure pas. Elle a besoin de savoir que vous êtes capable de lui tenir tête. Elle se sentira ainsi en sécurité dans votre couple. Mais il y a un piège. Elle doit d'abord vous tester pour être sûre qu'elle peut vous faire confiance. La première fois que vous instaurerez des limites, elle risque de réagir de façon agressive. Elle les repoussera. Elle vous dira que vous avez tort et fera de son mieux pour voir si elles sont là pour de bon. »

Quand un chic type met des limites à sa partenaire, elle en retire un sentiment de sécurité. En général, les femmes qui se sentent rassurées se sentent aimées. Elles en viennent également à se dire que si leur partenaire est prêt à leur tenir tête, il le sera aussi, le cas échéant, vis-à-vis d'autres personnes pour leur couple. Par ailleurs, les limites génèrent le respect. Quand un chic type est incapable de fixer des bornes, il laisse entendre à sa compagne qu'il n'a pas beaucoup de respect pour lui-même. En ce cas, comment s'attendre à ce qu'elle en ait ?

Pour aider les chics types à décider s'ils doivent fixer des limites à certains comportements, je les invite à appliquer la règle du « deuxième rendez-vous » en se demandant : « Si elle s'était conduite ainsi lors de notre deuxième rendez-vous, y en aurait-il eu un troisième ? » Cette question leur permet de déterminer s'ils tolèrent un comportement inacceptable.

Il existe par ailleurs une seconde règle, celle du « mâle sain ». Il s'agit d'un arbitrage au doigt levé qui amène à se poser la question suivante : « Comment un mâle sain agirait-il s'il était confronté à cette situation ? » Le simple fait de se poser cette question les met en relation avec leur sagesse intuitive et leur donne accès au pouvoir dont ils ont besoin pour répondre de façon appropriée.

Une fois qu'un chic type a compris qu'il dispose du pouvoir de fixer des limites quand cela s'avère nécessaire, il peut en toute tranquillité laisser les personnes de son entourage venir à lui, entrer dans son intimité, exprimer leurs sentiments, manifester un désir sexuel, etc. Il autorisera cela parce qu'il est certain de pouvoir, au moindre malaise ou besoin, dire « Stop », « Non » ou « On se calme », voire se retirer de la course. Il peut faire tout ce qui lui est nécessaire pour prendre soin de lui-même.

TRAVAUX PRATIQUES

Dans vos relations personnelles, y a-t-il des domaines où vous évitez de fixer les frontières qui s'imposeraient ? Par exemple :

– Tolérez-vous certains comportements inacceptables ?

– Évitez-vous de traiter une situation parce qu'elle risquerait de provoquer un conflit ?

– Renoncez-vous à demander ce que vous voulez ?
– Vous sacrifiez-vous pour maintenir la paix ?
Si vous appliquiez la règle du second rendez-vous à ces différentes situations, quelles en seraient les conséquences sur votre comportement ?

Quelques stratégies supplémentaires

En complément du programme proposé dans les chapitres qui précèdent, voici quelques stratégies supplémentaires destinées à aider les chics types à trouver l'amour : concentrer son attention sur la relation, pas sur la partenaire ; ne pas renforcer certains comportements indésirables ; entreprendre quelque chose de différent.

Concentrer son attention sur la relation, pas sur la partenaire

Les personnes qui souffrent sont attirées par celles qui leur ressemblent. Dans leurs relations amoureuses, les chics types choisissent souvent des partenaires qui paraissent avoir encore plus de problèmes qu'eux. Cela génère l'illusion dangereuse que l'un d'entre eux est plus malade que l'autre. Mais c'est une distorsion de la réalité, car d'une manière générale les personnes en bonne santé ne sont pas attirées par les malades – et vice versa. Je dis fréquemment aux couples que je reçois en consultation que si dans une relation l'un des deux membres semble blessé, l'autre l'est toujours aussi. Il n'y a pas d'exception.

Quand nous avons, ma femme et moi, commencé à vivre ensemble, nous avons créé un système au sein duquel elle incarnait la partie dysfonctionnelle alors que je représentais la partie saine. Ce scénario a bien fonctionné pour l'un comme pour l'autre jusqu'à ce qu'Élisabeth débute une thérapie. Elle revint un jour d'une séance en déclarant qu'elle avait compris que j'étais aussi déglingué qu'elle. Incapable d'affronter l'idée que je pusse être « déglingué », je lui répondis : « Mais non, tu es en train de découvrir que tu es aussi saine que moi. »

Le système relationnel que nous avions ensemble mis au point nous permettait de jouer des rôles familiers bien que dysfonctionnels. En revanche, il nous empêchait de créer la moindre intimité entre nous. Il fallut qu'Élisabeth donne un coup de pied dans la fourmilière et remette en cause le *statu quo*. J'ai rencontré et écouté un nombre incalculable de chics types qui ont établi le même genre de relation que ma femme et moi. Ces hommes sont convaincus d'être la victime des problèmes de leur partenaire « malade ». Cette illusion maintient tout le monde dans des schémas de fonctionnement répétitifs et inefficaces.

En concentrant leur attention sur la relation plutôt que sur leur partenaire, les chics types qui veulent guérir utiliseront celle-ci pour retrouver les sentiments d'abandon, l'indifférence, l'abus ou l'étouffement dont ils ont été victimes pendant leur enfance. Ces données leur serviront à mieux comprendre les raisons pour lesquelles ils ont édifié le type de système relationnel dans lequel ils fonctionnent. Ils pourront ainsi mettre en œuvre des changements qui les conduiront à combler leurs aspirations amoureuses.

Au lieu de soupirer : « Si seulement elle... », ces hommes doivent se poser les questions suivantes : « Pourquoi ai-je éprouvé le besoin de contribuer à créer cette relation ? » « En quoi cette relation me conduit-elle à interpréter un rôle familier ? » « En quoi cette relation m'amène-t-elle à satisfaire des besoins inconscients ? » « Pourquoi ai-je laissé entrer cette personne dans ma vie ? »

Dès lors qu'un chic type se pose ce genre de questions,

il peut commencer à envisager sa compagne comme une partenaire dans le processus de guérison. Il la considère ainsi sous un angle différent tout en tenant compte des difficultés issues de sa propre enfance qui l'empêchent de jouir d'une véritable intimité amoureuse.

Au début de ce chapitre, nous avons fait la connaissance de Christian, dont la femme, Danielle, semblait aussi difficile à satisfaire que l'avait été sa mère, une personne froide et dure. Christian ne savait jamais quand sa mère se mettrait en colère contre lui, le critiquerait ou se moquerait de lui. À l'âge adulte, il contribua à créer la même dynamique avec sa femme. Quand elle lui faisait des reproches, il faisait appel à tous les mécanismes de survie venus de son enfance, comme la fuite ou le repli sur soi, pour essayer de s'en sortir. Il accusait Danielle d'être « perpétuellement en colère » et marchait sur des œufs pour éviter de la contrarier. Il se répétait tout bas : « Je ne mérite pas cela. » Puis rentrait dans sa coquille et élaborait des scénarios de fuite dans sa tête.

La relation commença à évoluer à partir du moment où Christian se mit à considérer sa femme comme « un cadeau » qu'il avait invité dans sa vie pour l'aider à se débarrasser de ses vieux démons, comme tout ce qui tournait autour de la peur de la colère et des critiques. À mesure que Christian se transformait, plusieurs autres phénomènes se produisirent : il se mit à éprouver du chagrin devant ce qu'il avait vécu pendant son enfance et il tint tête à Danielle plutôt que de l'éviter et de se replier sur soi. Après qu'il eut pris conscience que la colère de sa femme trouvait son origine dans des blessures héritées de sa propre enfance, celle-ci se mit à lui témoigner de moins en moins d'agressivité. Le regard qu'il portait sur Danielle se modifia et Christian se mit à l'aimer de plus en plus : leur relation put alors commencer à s'améliorer.

TRAVAUX PRATIQUES

La prochaine fois que vous éprouverez de la frustration, du ressentiment ou de la colère à l'égard de votre partenaire, posez-vous les questions suivantes :

– Pourquoi ai-je invité cette personne à entrer dans ma vie ?

– Que puis-je apprendre de cette situation ?

– En quoi le regard que je porte sur cette situation changerait si je la considérais comme un cadeau ?

Ne pas renforcer certains comportements indésirables

Il y a deux ans, nous avons acheté un chiot Weimaraner. Comme c'est un gros chien, nous avons décidé qu'il était préférable de l'inscrire dans une école de dressage. L'une des premières leçons que nous y ayons apprise, c'est que nous étions ceux qui avaient besoin d'être dressés. Nous avons découvert que la plupart des chiens qui se comportent mal ont été conditionnés à le faire par des propriétaires ignorants ou capricieux.

Les hommes et les animaux de compagnie sont très semblables. Les gens se comportent souvent comme on leur a appris à le faire. Par exemple, un chien que l'on gâte alors qu'il vient de faire pipi sur la moquette continuera de faire pipi sur la moquette. Cela vaut également pour les humains. Le chic type qui encourage les comportements indésirables de sa partenaire devra s'attendre à ce que celle-ci continue de se comporter de la même manière.

Les chics types doivent faire face à une situation pour le moins cocasse : ces hommes aspirent à une relation tranquille et sans histoires. En général, quand leur partenaire se montre malheureuse, déprimée, en colère, ou quand elle a un problème, ils se précipitent pour essayer de trouver une solution ou simplement arranger les choses. Ils sont persuadés qu'ils seront ainsi capables de faire disparaître le problème et que tout redeviendra normal. Malheureusement, cela revient à donner une récompense à un chien qui vient de pisser sur la moquette.

À chaque fois qu'un chic type répond ou s'intéresse à un comportement qu'il souhaiterait voir disparaître, il encourage la répétition de ce même comportement et multiplie les risques de le voir se reproduire. Prenons un exemple : la femme de Jean rentre souvent du travail furieuse contre l'un de ses collègues avec qui elle a des problèmes. Son mari n'aime pas la voir de cette humeur. Pour essayer de soulager son propre malaise, il demande donc à sa femme ce qui se passe. Après s'être fait un peu câliner, elle passe les deux heures suivantes à se plaindre d'avoir été maltraitée au bureau. Jean l'écoute et lui donne des conseils utiles, dans l'espoir qu'elle finira par surmonter sa mauvaise humeur.

En tentant de soulager son malaise à court terme, Jean a en réalité contribué à créer un problème à long terme. À chaque fois qu'il demande à sa femme ce qui ne va pas, l'écoute pendant des heures et lui propose des conseils, il renforce un mode de comportement qu'il trouve indésirable.

Au centre de dressage, nous avons appris que pour voir disparaître un comportement indésirable il faut cesser de s'y intéresser. Cela vaut pour les relations humaines.

Comme un grand nombre de ses semblables, Jean a l'impression d'être la victime du comportement de sa femme. Il semble oublier qu'il est lui-même responsable de la perpétuation de ce qui lui déplaît. Après que les membres de son groupe de parole le lui ont fait remarquer, il décide d'essayer une autre stratégie.

La fois suivante, quand sa femme rentre à la maison, silencieuse et repliée sur elle-même, Jean ne dit rien. Il dîne sans un mot, puis sort. Quoique étreint par une intense angoisse, il résiste à la tentation d'aller « porter secours » à sa femme. Cette nuit-là il dort mal, écoutant le silence assourdissant qui le maintient éveillé pendant des heures. Le lendemain matin, le silence perdure. Jean a peur que ce comportement ne s'installe pour toujours. Pour soulager quelque peu son angoisse, il essaye de parler de tout et de rien. Sa femme lui répond par monosyllabes, puis part travailler.

Ce soir-là, c'est comme si un miracle s'était produit. La femme de Jean rentre du travail de bonne humeur et lui demande s'il veut sortir faire un tour. Tout en marchant, elle lui raconte comment elle a résolu le problème de la veille. Jean lui confie combien il s'était senti mal de ne pas essayer de trouver une solution à sa place. Elle lui répond qu'elle ne voulait pas qu'il cherche à résoudre ses problèmes et qu'elle préfère de loin qu'il lui ait laissé suffisamment d'espace pour s'en sortir elle-même.

Changer

J'encourage les chics types confrontés à la fin d'une relation ou qui sont actuellement célibataires à adopter une approche différente lorsqu'il commenceront une nouvelle histoire. Quoi que l'on fasse, les relations seront toujours du domaine de l'imprévisible. Il n'existe aucun moyen d'éliminer les trous et les bosses qui jalonneront le chemin. Cependant, il n'est pas nécessaire de les rendre plus difficiles qu'elles ne le sont déjà. Autrement dit, le chic type qui veut guérir doit fonder toute nouvelle relation sur des bases saines au lieu d'obéir à des motivations inconscientes et dysfonctionnelles.

Changer signifie notamment choisir un autre type de partenaire. La perspective d'un grand chantier de remise en état peut s'avérer excitante lorsqu'on achète une voiture d'occasion mais ne peut constituer un critère pour choisir une compagne. Or, par manque de confiance en soi, les chics types ont tendance à aller vers des partenaires qui donnent l'impression d'avoir besoin d'être « réparées ». Persuadés qu'une personne saine et indépendante ne pourrait vouloir d'eux, ils jettent leur dévolu sur un diamant brut : quelqu'un qui a eu une enfance difficile, a été la victime d'abus sexuel, a toujours eu des relations amoureuses destructrices, est déprimée, a des problèmes d'argent ou de poids, ou même sur un mère célibataire à la vie difficile. Puis ils passent un marché secret et indirect – trouver des solutions, prendre soin et faire plaisir – avec l'espoir que la belle se transformera en pierre précieuse. Hélas, cette stratégie est rarement efficace.

Au contraire, quand un chic type rencontre une personne qui n'a pas besoin que l'on se substitue à elle pour chercher la solution à ses problèmes, il multiplie ses chances de trouver enfin l'amour auquel il aspire. Cela ne signifie pas qu'il lui faille partir en quête de la partenaire parfaite. Quelqu'un qui s'assume déjà est amplement suffisant. Au fil du temps, les chics types de mes groupes de parole ont dressé la liste des qualités nécessaires au début de toute nouvelle relation. Il s'agit notamment de (l'ordre est indifférent) la passion, l'intégrité, le bonheur, l'intelligence, une sexualité épanouie, l'indépendance financière, une volonté de développement personnel.

Les chics types qui se trouvent déjà en couple seront peut-être gênés de découvrir que celle qui partage leur vie actuellement ne répond pas à ces critères (surtout si c'est eux qui font l'évaluation). Cela ne signifie pas qu'ils doivent immédiatement mettre un terme à leur relation pour aller voir ailleurs si l'herbe est plus verte. Au contraire, je les encourage à se pencher sur leurs propres comportements et à se demander pourquoi ils ont éprouvé le besoin de créer une relation du type de celle qu'ils ont aujourd'hui avec leur partenaire.

Trouver une nouvelle compagne est la mauvaise solution si l'on a toujours besoin du même genre de relation.

Je me suis aperçu qu'à partir du moment où un chic type commence à essayer de résoudre ses propres dysfonctionnements, ses relations amoureuses changent aussi. Parfois, ces changements le font revenir sur la décision qu'il a prise de mettre fin à son couple ; d'autres fois, ils confirment qu'il est temps de changer.

Les chics types ont une forte tendance à vouloir toujours tout faire « bien ». Mais il leur faut cesser de considérer que c'est la formule magique pour une vie heureuse. La perfection n'existe pas. Cependant, en étant attentif à la présence de certaines caractéristiques chez une personne qui leur plaît, ils s'épargneront bien des chagrins tout en multipliant leurs chances de trouver ce qu'ils recherchent.

Se comporter différemment signifie également de ne pas se précipiter au lit dès la première rencontre. Les chics types doivent se laisser la possibilité de bien évaluer les traits ci-dessus en évitant d'avoir des relations sexuelles avec une personne qui leur plaît avant d'avoir appris à la connaître. Dès qu'une relation devient sexuelle, on cesse d'apprendre. Le sexe crée un lien si puissant qu'il est difficile de porter un jugement objectif sur la relation même. Un chic type pourra avoir conscience de traits de caractère ou de comportements qu'il juge inacceptables chez sa nouvelle partenaire, mais si leur relation a déjà pris un caractère sexuel, il lui sera difficile de faire changer les choses et plus difficile encore de mettre un terme à la relation.

CHAPITRE VIII

La vie sexuelle des chics types

Prenez tout ce qui a été dit sur les chics types dans ce livre – leur honte, leur propension au sacrifice de soi ; leur quête incessante de l'approbation d'autrui ; leur tendance à faire le contraire de ce qu'il faudrait, à prendre soin des autres, à passer des marchés secrets et indirects, à vouloir tout maîtriser ; leur angoisse ; leur malhonnêteté ; leur difficulté à recevoir ; leurs relations dysfonctionnelles ; la perte de leur énergie masculine. Mettez tout cela dans un grand sac, secouez vivement et ouvrez : vous avez un bon aperçu de la vie sexuelle des chics types.

Pour ces hommes, la sexualité est le lieu où se concentrent et sont amplifiées toutes leurs expériences passées : leur sentiment d'abandon, la honte toxique qui les habite et les mécanismes de survie qu'ils ont mis en place. Je peux affirmer sans crainte de me tromper que tous les chics types avec lesquels j'ai travaillé ont connu à un moment ou à un autre des problèmes sexuels. Les plus répandus étaient les suivants :

La frustration. C'est le sujet de plainte le plus fréquent. Les soi-disantes inhibition et indisponibilité sexuelles de la partenaire (ou des femmes en général) sont généralement identifiées par mes patients comme l'origine du problème.

La nécessité de se contenter d'une vie sexuelle tout à fait insatisfaisante. De nombreux chics types, persuadés que c'est mieux que rien, s'accommodent de relations sexuelles désastreuses. Là encore, la faute est souvent rejetée sur la partenaire.

Les troubles de la sexualité. Cela prend en général la forme d'une incapacité à atteindre ou à maintenir une érection, ou bien celle de l'éjaculation précoce.

La répression de toute vie sexuelle. Certains chics types affirment porter peu ou aucun intérêt au sexe. Le plus souvent, néanmoins, ils se livrent à une forme d'activité sexuelle dont ils préfèrent ne pas faire état en public.

Une sexualité compulsive. Cela va de la masturbation compulsive à l'addiction à la pornographie, en passant par les liaisons extraconjugales, les peep-shows, le Minitel rose, le cybersexe, ou encore la prostitution.

En additionnant toutes ces dynamiques, on obtient une espèce d'homme à la vie sexuelle peu épanouie, insatisfaisante, voire inexistante. Même si la plupart des chics types tendent à rejeter la cause de leurs problèmes sur des facteurs extérieurs, c'est le contraire qui est vrai. Ils sont eux-mêmes les maîtres d'œuvre de leur faillite sexuelle.

Vivre entre honte et peur

Les difficultés rencontrées par les chics types dans leur vie sexuelle sont à mettre en relation directe avec deux sentiments : la honte et la peur qu'ils éprouvent à l'idée d'affirmer leur sexualité et leur état d'êtres sexuels. Je sais par expérience qu'il s'agit là du concept que les chics types ont sans doute le plus de mal à comprendre et à accepter. Mais c'est pourtant si essentiel que je vais l'écrire à nouveau : tous les chics types ressentent honte et peur devant leur sexualité et devant le fait d'être des êtres sexuels.

S'il était possible de décortiquer le cerveau d'un chic type et de remonter jusqu'à la zone de l'inconscient qui contrôle sa sexualité, voici ce qu'on trouverait :

– Le souvenir d'expériences enfantines qui l'ont convaincu de sa méchanceté.

– La souffrance de ne pas voir ses besoins satisfaits en temps utile et de façon saine.

– Les répercussions de blessures sexuelles parentales.

– Les distorsions et illusions sexuelles d'une société vraiment tordue.

– L'absence d'informations sexuelles précises au moment où il en aurait fallu.

– La culpabilité et la honte que la religion associe à la sexualité depuis des siècles.

– Les effets de liens sexuels refoulés établis par sa mère.

– Le traumatisme provoqué par des violences sexuelles.

– Le souvenir d'expériences sexuelles précoces oblitéré par le secret.

– Les images distordues et déconnectées de la réalité de la sexualité et des corps présentées par la pornographie.

– La honte de comportements cachés et compulsifs.

– Le souvenir d'échecs sexuels ou de rejets antérieurs.

Chaque fois qu'un chic type éprouve un sentiment sexuel ou se trouve dans une situation sexuelle, il lui faut prendre en considération tout ce bagage inconscient. Il aura donc recours à toutes les ressources de sa créativité pour se protéger de la honte et de l'angoisse qu'il éprouve ou pour en distraire son attention. Malheureusement, ces mécanismes de fuite et d'évitement l'empêchent aussi de bénéficier de tout ce qui pourrait ressembler à une sexualité épanouissante. Voici quelques-uns des stratagèmes mis en place : fuir toute situation sexuelle et éviter absolument d'aller au lit ; essayer d'être un bon amant ; dissimuler ses propres comportements sexuels compulsifs ; réprimer son énergie vitale ; s'accommoder d'une vie sexuelle médiocre.

Les chics types font tout pour éviter d'avoir des relations sexuelles

Cela peut paraître étrange, mais les chics types font preuve d'une imagination débridée quand il s'agit pour eux d'éviter une relation sexuelle. J'ai forgé le terme de « vaginophobie » pour décrire cette tendance. Les caractéristiques de ce syndrome sont que l'homme qui en est atteint fait l'impossible pour que son pénis reste en dehors d'un vagin ou s'en retire le plus vite possible après l'avoir pénétré. Si ce mécanisme de survie permet au chic type d'échapper à la honte et à la peur qu'il éprouve, il garantit également qu'il ne jouira pas d'une vie sexuelle très épanouissante.

Alain aurait pu poser sur l'affiche d'une campagne de sensibilisation à la vaginophobie. Il avait commencé une thérapie pour essayer de contrer sa fâcheuse tendance à nouer des relations extraconjugales. Certains de ses rendez-vous galants avaient pris un tour franchement sexuel, mais jamais il n'allait jusqu'à la pénétration. Le problème était devenu crucial quand Alain avait noué une relation avec l'une des amies de sa femme et que cette dernière avait découvert une lettre compromettante dans la poche de son manteau.

En séance, Alain confia qu'il aimait être au centre de l'attention des femmes. En société, il se sentait toujours plus à l'aise avec la gent féminine. Avec le temps, il devint de plus en plus manifeste que le conditionnement auquel il avait été soumis pendant son enfance lui avait appris à développer sa capacité à plaire aux femmes tout en évitant d'introduire son pénis dans leur vagin : lien monogamique avec sa mère, décision d'être différent de son père et influence d'un enseignement religieux intégriste. J'appelle « flirter sans baiser » ce genre de comportement si caractéristique des chics types. Aussi longtemps que l'homme ne pénètre pas de vagin, il se sent autorisé à échanger toutes sortes d'énergies sexuelles tout en étant persuadé de ne pas avoir eu de relation sexuelle ou de n'avoir rien fait de mal.

Un jour, Alain raconta l'une de ses aventures aux membres de son groupe de parole. Elle était exemplaire de son comportement. Cela s'était produit pendant un voyage d'affaires qu'il avait fait en compagnie de l'une de ses collègues, une jeune femme qu'il trouvait très séduisante. Pendant le voyage, ils flirtèrent et échangèrent des allusions sexuelles explicites. Un soir, au bar, ils parlèrent de leur vie privée et la soirée se termina par quelques slows. Le soir suivant, après avoir bu un verre, la jeune femme invita Alain à la rejoindre dans le jacuzzi. Elle se déshabilla et entra dans le bain vêtue seulement d'un string qui ne cachait pas grand-chose. Puis elle s'assit sur les genoux d'Alain et ils s'embrassèrent passionnément. Bien qu'il fût très excité, Alain refusa son offre de monter dans sa chambre au prétexte qu'il ne voulait pas « compromettre leur relation de travail ».

Cette aventure est révélatrice de l'objectif qu'avait toujours poursuivi Alain au cours de sa vie : éviter les vagins. Il avait eu quelques petites amies à l'université. Mais dès que l'histoire devenait sérieuse et que la fille voulait autre chose que des caresses, Alain se sentait menacé et rompait.

Il affirmait que le sexe n'intéressait pas sa femme et qu'elle se montrait froide au lit. Le fait qu'Alain ne prît jamais directement l'initiative en la matière venait encore renforcer cet état de choses. Il croyait que les femmes réprouvaient le sexe et il était convaincu qu'elles le condamneraient s'il leur faisait des avances trop directes.

Alain se servait donc de la frustration que lui causait

la froideur de sa femme sur le plan sexuel pour justifier l'attitude équivoque qu'il adoptait avec d'autres femmes. Mais, comme par hasard, il avait le don de ne flirter qu'avec des femmes qui n'étaient guère susceptibles d'aller plus loin. Et lorsqu'il s'avérait qu'il s'était trompé et que sa partenaire était prête à aller jusqu'au bout de la relation – ce qui lui arrivait rarement –, Alain trouvait toujours une bonne raison pour ne pas donner suite à ce qu'il avait initié.

Les chics types se vantent d'être de bons amants

Il est fréquent que les chics types se vantent d'être de bons amants : il s'agit en effet là de l'un de ces attachements auxquels ils ont recours pour se rassurer sur leur propre valeur. Ce peut être le moyen de se convaincre qu'ils sont différents des autres hommes. Cela peut aussi être un mécanisme très efficace destiné, au cours d'une relation sexuelle, à distraire leur attention de la honte et de l'angoisse qu'ils ont intériorisées. Aussi longtemps qu'ils se concentrent sur l'excitation et le plaisir de leur partenaire, les chics types réussissent à ne pas penser à la honte toxique, au sentiment qu'ils ont de ne pas être à leur place, ou à leur peur d'être étouffés. Bruno, trente-cinq ans, en est un bon exemple.

« J'ai un problème d'éjaculation précoce. » Ainsi commence-t-il en guise de présentation lors de notre première séance. « Ma première femme m'a quitté pour un autre homme, poursuit-il. Cela m'a détruit. Heureusement, j'ai rencontré une femme merveilleuse, tout aussi excitante sur le plan sensuel que sexuel, et nous allons nous marier. Il n'y a qu'un hic : je jouis tout de suite. Elle m'excite trop. »

Bruno me décrit ses efforts pour donner du plaisir à sa partenaire quand ils font l'amour. À chaque fois, il la stimule oralement pour qu'elle ait deux ou trois orgasmes avant de la pénétrer. Puis il essaye de l'amener jusqu'à un dernier orgasme vaginal. Malheureusement pour lui, il éjacule souvent avant. Mais il semble tellement désintéressé qu'il a déclaré à sa fiancée que, du moment qu'elle était satisfaite, il lui importait peu de ne jamais atteindre l'orgasme.

« Tout est parfait, sauf sur ce point-là, affirme Bruno. Ses enfants m'adorent, ses parents m'adorent, elle dit qu'elle aime tout chez moi, mais elle a l'impression qu'il en manque 30 %. On dirait qu'elle ne veut plus faire l'amour et elle parle même de reculer la date du mariage jusqu'à ce j'aie trouvé une solution à ce problème. »

La plupart du temps, les chics types comme Bruno ne se rendent absolument pas compte de ce qu'ils manquent en essayant d'être des amants formidables. De plus, en se comportant de cette manière, ils réunissent tous les ingrédients pour faire l'amour dans l'ennui. Une sexualité dont l'unique objectif est de faire plaisir à l'autre débouche à coup sûr sur la routine : on répète inlassablement ce qui a marché la fois précédente. S'efforcer d'être un bon amant est la garantie que le chic type n'aura guère d'expériences sexuelles passionnées, réciproques, spontanées, heureuses ou intimes.

L'art de dissimuler des comportements sexuels compulsifs

Imaginez ce que rapporterait l'invention d'une pilule qui mettrait fin à la solitude, guérirait l'ennui, soulagerait le sentiment d'inutilité, apaiserait les conflits, créerait l'impression d'être aimé, allégerait le stress et, d'une manière générale, résoudrait tous les problèmes personnels. Les chics types sont persuadés que cette potion magique existe et qu'elle a un nom : le sexe.

Beaucoup ont compris, lorsqu'ils étaient jeunes, que l'excitation sexuelle constituait un bon dérivatif à l'isolement, aux tourments, aux attentes irréalistes et au sentiment d'abandon dont ils avaient fait l'expérience. Malheureusement, à l'âge adulte, cette couverture de survie sensuelle les empêchera de vivre des relations sexuelles intimes et satisfaisantes avec une autre personne.

Les chics types ont tendance à suivre un comportement sexuel compulsif et à le dissimuler. Selon ma théorie – qui se vérifie presque à chaque fois –, plus le type est gentil et plus il a de secrets à cacher sur le plan de sa sexualité. La sexualité est une pulsion humaine de base. Pourtant, la plupart des chics types sont persuadés qu'il leur faut camoufler leur libido parce que c'est mal ou que les autres vont les condamner. Mais la sexualité ne disparaît pas : elle n'est que refoulée. Aussi, plus un homme se montre dépendant de l'approbation de l'extérieur, plus il enfouit profondément son comportement sexuel.

Louis, quarante-cinq ans, est analyste programmeur. Tout le monde l'aime. Il fait partie de ces hommes qui ne semblent avoir que des bons côtés. Chrétien pratiquant, il consacre ses dimanches à enseigner le catéchisme et se montre toujours disposé à aider les personnes dans le besoin.

Sa vie semble parfaite. Hormis un petit détail : son addiction à la pornographie. Élevé dans un milieu évangéliste, il a découvert cette drogue à l'âge de neuf ans. C'était alors un enfant solitaire qui pouvait passer des heures dans un arbre à contempler des photographies de femmes nues. Avec la pornographie, il ne se sentait jamais seul.

Louis a beau être marié depuis quinze ans, sa manie est un secret bien gardé. Avec les années, elle a gagné du terrain : il loue aujourd'hui des vidéos porno, se rend dans des peep-shows et des boîtes de strip-tease, et s'adonne au Minitel rose. Le développement de l'Internet a permis à son obsession de prendre des proportions encore plus grandes. Il a eu un certain nombre de cyber-relations sexuelles avec des surfeuses sans visage en fréquentant des groupes de discussion roses.

Depuis le début de leur mariage, la femme de Louis aborde régulièrement le sujet de la morosité de leur vie sexuelle. Elle affirme qu'il n'est pas normal de passer des mois sans faire l'amour. Louis abonde dans son sens et lui assure qu'il aurait lui aussi aimé avoir des relations plus fréquentes. Puis il se retranche derrière le prétexte qu'il est en général trop fatigué par son travail et trop stressé par les exigences de la vie de famille.

Louis s'est promis à maintes reprises de mettre fin à ses activités cachées. Il a jeté sa pile de magazines un nombre incalculable de fois et juré de ne plus regarder de vidéos et de ne plus se rendre sur les sites de discussion. Il soupire alors de soulagement mais se retrouve immanquablement pris dans l'engrenage au bout de quelques semaines ou de quelques mois.

Comme de nombreux autres chics types, Louis investit tellement de temps et d'énergie dans ce comportement sexuel compulsif qu'il lui en reste bien peu à consacrer à une relation sexuelle personnelle.

Pourquoi les chics types répriment leur énergie vitale

Lorsque le garçon atteint l'adolescence, il doit apprendre à voguer sur les flots turbulents des relations avec le sexe opposé. S'il veut pouvoir espérer avoir une petite amie et un jour une vie sexuelle, il lui faut comprendre comment réussir à attirer l'attention et recueillir l'approbation des femmes. Pour certains, tout semble se passer en douceur. Mais la majorité des adolescents n'ont pas la moindre idée des qualités qui leur seront nécessaires pour amener une fille à les apprécier. C'est à ce moment-là que nombre d'entre eux décident qu'en se montrant « gentils », ils ont peut-être une chance de s'attirer les faveurs des filles. Cette décision se révélera plus particulièrement importante si le jeune homme a déjà été conditionné à croire qu'il n'est pas à la hauteur tel qu'il est.

La stratégie qui se met en place à l'adolescence – essayer d'attirer une femme et ses faveurs sexuelles en se montrant gentil – est ensuite transposée à l'âge adulte. Il n'est pas rare que les chics types se persuadent que la femme qui les attrapera aura bien de la chance, tout en doutant simultanément qu'une femme puisse un jour vouloir d'eux. En dépit du fait que leur tactique de « gentillesse » échoue invariablement à leur procurer les relations sexuelles auxquelles ils aspirent, ils s'y accrochent parce qu'ils sont incapables de comprendre pourquoi une femme pourrait avoir une autre raison de se sentir attirée vers eux ou d'avoir envie d'aller au lit avec eux.

Malheureusement, la gentillesse qu'ils déploient les prive de leur énergie vitale. Plus un chic type recherche l'approbation des autres et s'efforce de faire « ce qu'il faut », plus il maintient serré le couvercle empêchant la diffusion d'une énergie susceptible d'attirer quelqu'un vers lui. C'est pourquoi j'entends fréquemment les chics types se lamenter que les femmes ne sont pas attirées par eux. Le problème est qu'ils ont réprimé toute leur énergie vitale et qu'il ne leur reste pas grand-chose qui soit de nature à attirer l'attention de qui que ce soit ou de les séduire.

Des femmes me confient régulièrement qu'au bout de quelque temps, elles finissent par avoir du mal à éprouver de l'excitation à l'idée d'aller au lit avec un chic type en dépit du fait qu'elles puissent avoir été attirées par son attitude agréable au début. La partenaire se sent souvent coupable de penser cela même si, en réalité, ce n'est pas de sa faute. La *persona* d'un chic type recèle bien peu de traits de caractère propres à déclencher la réaction ou l'excitation d'une partenaire potentielle.

On constate donc une nouvelle fois qu'en faisant l'inverse de ce qu'ils devraient faire, les chics types se barrent l'accès à la sexualité qu'ils aimeraient avoir.

S'accommoder d'une vie sexuelle médiocre

La femme d'un chic type me raconta un jour comment son partenaire la « harcelait » pour avoir des relations sexuelles. Quand elle disait « non », il se mettait à bouder et s'enfermait dans sa tour d'ivoire. Quand elle consentait à aller au lit avec lui, il se donnait le plus grand mal pour provoquer son plaisir à elle, alors qu'elle ne cherchait guère à lui rendre la pareille. Elle faisait remarquer avec esprit et discernement : « Si je lui disais que ce qui m'excite vraiment, c'est qu'il se brûle avec des tisons, il le ferait avec plaisir, persuadé d'avoir une sexualité épanouissante parce que cela me rendrait heureuse. »

En s'accommodant d'une sexualité insatisfaisante, les chics type s'empêchent de vivre des expériences sexuelles agréables. L'exemple de Samuel montre comment ils peuvent être à l'origine de la médiocrité de leur propre vie sexuelle. Rendons-nous dans sa chambre à coucher pour observer un scénario caractéristique des relations sexuelles qu'il a avec sa femme Hannah.

Samuel et Hannah n'ont pas fait l'amour depuis plusieurs semaines, ce qui n'a rien d'exceptionnel chez ce couple. Ce soir, Samuel se sent excité, mais au lieu de dire à sa femme qu'il a envie d'elle, il se met en tête, de manière tout à fait indirecte, d'essayer de provoquer son désir.

Bien qu'Hannah ait déjà répété plusieurs fois à Samuel qu'elle supporte mal son « harcèlement », il se glisse derrière elle au lit et se met à lui masser le dos. Ce faisant, il réussit un moment à faire taire le ressentiment qu'il éprouve devant son manque d'envie de faire l'amour. À mesure que ses mains descendent doucement vers les fesses, il fait aussi taire la voix qui lui chuchote que le corps de sa femme ne se montre pas du tout réceptif à ses caresses. Il espère qu'en prenant son temps et en ne l'inquiétant pas par un comportement trop ouvertement sexuel, elle finira par « être d'humeur ». Avant, cette approche donnait parfois des résultats.

Au moment où il atteint l'un des seins de sa femme, Samuel n'a plus aucune conscience de ce qui se passe en lui. Il se concentre maintenant sur le plaisir d'Hannah et se projette en avant, cherchant comment l'exciter suffisamment pour qu'elle soit « d'humeur » sans en faire trop pour ne pas déclencher la colère.

Puis, voyant qu'elle n'a toujours pas repoussé ses avances, il la fait rouler sur le dos et, pendant les vingt minutes qui suivent, se concentre pour la stimuler jusqu'à ce qu'elle atteigne l'orgasme. Il est tellement déconnecté de l'excitation de son propre corps qu'il a lui-même du mal à jouir. Pour s'aider, il fantasme sur la jeune secrétaire au bureau. Quand il finit par jouir, il ramène toute son attention sur sa femme pour s'assurer de ce qu'elle ressent. Plus tard, roulant sur le côté et s'enfonçant dans le sommeil, Samuel se sent vidé et plein d'amertume.

> Comment trouvez-vous votre vie amoureuse ? Êtes-vous prêt à vivre une sexualité épanouissante ? Si oui, poursuivez votre lecture.

Faire « sortir du placard » la honte et la peur

La honte et la peur que les chics types ont intériorisées sont les plus grands obstacles à leur accession à une vie sexuelle satisfaisante. Ils auront beau lire tous les livres où l'on vous explique comment séduire les femmes, ou regarder toutes les cassettes pour apprendre à améliorer leur technique sexuelle, leurs efforts resteront vains tant que leur sexualité continuera de leur faire honte et peur. Pour s'épanouir sexuellement, les chics types doivent « faire sortir du placard les sentiments de honte et de peur qui les habitent » et les exposer au regard de tous pour s'en libérer.

Cette étape est indispensable. On ne doit pas la sauter.

PETIT QUESTIONNAIRE

La plupart des chics types commencent par nier qu'ils éprouvent la moindre honte ou peur à l'égard du sexe. Répondez au questionnaire suivant pour voir si vous êtes vous-même dans le déni.

1. Remémorez-vous votre première expérience sexuelle. S'agissait-il :

a. D'une expérience dont vous avez parlé avec votre famille ou vos amis.

b. D'une expérience menée à la hâte, frappée au sceau du secret et de la honte, ou intervenue dans des circonstances désastreuses.

c. D'une expérience douloureuse, abusive ou effrayante.

2. La masturbation :

a. Est un sujet que votre partenaire et vous abordez de façon libre et sans malaise.

b. Il y aurait une crise si votre partenaire vous « attrapait » en train de vous masturber.

c. Est une activité à laquelle vous vous livrez de manière compulsive et en cachette.

3. Vos expériences, vos pensées et vos instincts liés à la sexualité :

a. Vous vous sentez assez à l'aise pour tout dire à votre partenaire.

b. Vous avez des secrets dont vous n'avez jamais parlé à quiconque.

c. Certains aspects de votre sexualité ont provoqué une crise dans vos relations amoureuses.

d. Vous avez, à certains moments de votre existence, essayé de faire disparaître ou de limiter des comportements sexuels problématiques.

Si vous avez répondu autre chose que par des « a » à toutes ces questions, vous éprouvez un sentiment de honte et de peur lié à votre sexualité. Continuez votre lecture.

Pour se débarrasser de la honte que l'on éprouve à l'égard de sa sexualité, il faut pouvoir compter sur des personnes compréhensives qui ne porteront pas de jugement. Un chic type ne peut faire ce travail seul. Afin de se libérer, il doit exposer chaque aspect de son moi sexuel au regard de personnes de confiance qui le soutiendront. En se révélant ainsi, il s'affranchira de sa honte et de sa peur, et libérera l'énergie émotionnelle qui lui servait à maintenir sa sexualité secrète et à la réprimer. Ces personnes de confiance pourront aussi lui transmettre des messages de soutien destinés à lui signifier qu'il n'est pas « mauvais » d'être un être sexuel.

Revenons au cas de Louis. Vous vous souvenez qu'il est un bon chrétien et un bon père au comportement sexuel compulsif. Tout s'est effondré le jour où sa femme est tombée sur une facture de téléphone qui faisait apparaître d'étranges numéros qu'elle a appelés. Ce qu'elle découvrit la laissa abasourdie et effondrée. Elle n'avait jamais pensé, même dans ses rêves (ou cauchemars) les plus fous, que Louis pourrait être impliqué dans des histoires de pornographie et de sexe téléphonique. Elle était loin d'imaginer qu'elle n'avait fait que découvrir la pointe émergée de l'iceberg. Placé dos au mur, Louis commença par feindre la surprise et déclara ignorer à quoi pouvaient correspondre ces numéros de téléphone. Puis il s'écroula et raconta tout. Enfin presque tout. Il fallut attendre plusieurs autres semaines, plusieurs autres confrontations éprouvantes et un appel à mon cabinet avant que l'ensemble ne sorte au grand jour.

Après deux séances de thérapie individuelle, je suggérai à Louis de s'inscrire dans un groupe de lutte contre l'addiction sexuelle. L'idée commença par le terroriser, mais il savait qu'il lui fallait entreprendre quelque chose de radicalement différent s'il voulait se libérer de sa compulsion et atteindre une véritable intimité sexuelle. À sa grande surprise, il lui fut plus facile qu'il n'avait craint de révéler devant d'autres malades sexuels les secrets qu'il dissimulait depuis si longtemps. Au fur et à mesure que le temps passait, il se met à guetter avec impatience les occasions de parler de lui-même à des personnes de confiance. À chaque fois qu'il révélait une pensée ou un acte secret, il éprouvait un sentiment de soulagement, comme si l'on avait ôté un poids de ses épaules.

Après avoir dévoilé sa peur et sa honte à des personnes de confiance, il prit conscience qu'il était moins intéressé par ses comportements compulsifs cachés. Sa femme et lui se confièrent davantage l'un à l'autre et partagèrent une plus grande intimité : ils commencèrent à partager cette proximité physique que Louis avait naguère cherché à fuir.

Quand Louis sortit du placard, les blessures que lui avait infligé une vie de dissimulation purent commencer à cicatriser.

Dans les groupes de parole, j'encourage les participants à faire sortir de l'obscurité la honte que leur addiction provoque en eux. Je les pousse à parler explicitement de leur sexualité. Dans nos cultures, quand on parle de sexe, c'est en général de façon pornographique, dégradante, moralisatrice, humiliante, clinique ou pour plaisanter. J'invite les chics types à parler de leur comportement. Je les fais raconter leur histoire et leurs expériences sexuelles. Je leur demande de m'apporter des exemples de la littérature pornographique qui les excite. C'est un autre moyen de les soulager de leur honte tout en récoltant de précieuses informations.

Pendant tout le processus de leur révélation, j'incite les chics types à exprimer tout ce qu'ils éprouvent

– honte, culpabilité, peur, excitation. Simultanément, je leur envoie des signes de soutien pour leur dire qu'ils ont le droit de ressentir tout cela. Notre société est remplie de tant de messages négatifs sur la sexualité masculine qu'il est difficile pour les chics types de surmonter le conditionnement qu'ils ont reçu sans bénéficier de ce type d'encouragements et de réconfort.

TRAVAUX PRATIQUES

Trouvez un lieu où vous vous sentirez en sécurité pour parler des points suivants :

Votre histoire sexuelle. Racontez vos premiers souvenirs sexuels ; les expériences que vous avez eues enfant ; toutes les violences ou traumatismes sexuels que vous auriez éventuellement subis ; tout problème sexuel d'ordre familial ; votre première expérience sexuelle ; votre histoire sexuelle d'adulte.

Les comportements sexuels déviants que vous avez pu avoir, que ceux-ci aient pris la forme de liaisons, de prostitution, de fréquentation de peep-shows, de recours au Minitel rose, à la pornographie, de comportements exhibitionnistes, de fétichisme, etc.

Votre face cachée. Parlez de ce que vous-même avez du mal à accepter chez vous : vos fantasmes, vos accès de colère, vos comportements délictueux.

Prendre les choses en main…

Je dis souvent aux chics types que je vois en consultation : « Vous êtes la seule personne à pouvoir satisfaire à vos besoins. » Cela est plus particulièrement vrai en matière de sexualité. Quand un chic type décide d'assumer la responsabilité de la satisfaction de ses besoins, il se met en position de vivre une sexualité aussi satisfaisante en quantité qu'en qualité. Laissez-moi vous expliquer où je veux en venir.

Tous les modes de fonctionnement significatifs sont la somme de plusieurs microcomportements plus anodins. Pour modifier d'une manière efficace l'ensemble d'un fonctionnement, il convient donc de faire évoluer les plus petits éléments qui le constituent. Par exemple, un chic type n'aura qu'un seul moyen de sortir de la frustration sexuelle qu'il éprouve parce qu'il n'a pas de relations assez fréquentes, ou parce que celles-ci ne correspondent pas à ce qu'il recherche : modifier les plus petits composants de son comportement. Il est en effet plus efficace de faire bouger les petits éléments qui, en s'additionnant, viennent créer un schéma général d'insatisfaction sexuelle que de multiplier le nombre de ses sorties dans le but d'intensifier la fréquence de ses relations sexuelles. La modification de certains détails finit par entraîner une transformation globale.

Avant de pouvoir vivre des expériences sexuelles excitantes, passionnées et satisfaisantes avec d'autres personnes, les chics types doivent apprendre à les vivre en solitaire. En prenant les choses en main – autrement dit, en se livrant à une saine masturbation –, ils seront à même de faire évoluer les dynamiques de base qui déterminent leur approche de la sexualité et des relations sexuelles en général.

Réfléchissez aux propositions suivantes :

– Tant qu'un chic type sera incapable de se livrer sans honte à des activités sexuelles solitaires, il aura honte de ses relations sexuelles avec une autre personne.

– Tant qu'un chic type éprouvera un malaise à l'idée de se donner du plaisir, il sera incapable de recevoir du plaisir de quelqu'un d'autre.

– Tant qu'un chic type n'assumera pas la responsabilité de son excitation et de son plaisir quand il est seul, il sera incapable d'assumer la responsabilité de son excitation et de son plaisir en compagnie d'une autre personne.

– Tant qu'un chic type sera incapable de se livrer à des activités sexuelles solitaires sans avoir recours à la pornographie ou aux fantasmes pour distraire son attention, il ne pourra faire l'amour avec une autre personne sans avoir besoin de dérivatifs similaires.

Les chics types peuvent entreprendre de faire évoluer ces dynamiques en pratiquant ce que j'appelle une masturbation saine. Ce processus laisse l'énergie sexuelle se développer. Il est sans but ni destination. Ce n'est pas simplement une question d'orgasme. Il n'a pas besoin d'une stimulation extérieure telle que la pornographie, et ne fait pas appel à la transe ou au fantasme pour échapper à la honte et à la peur. Il s'agit simplement d'apprendre à être attentif à ce qui fait du bien. Mais avant cela, il s'agit d'accepter que l'on est seul responsable de son plaisir sexuel et de son expression.

Au début, les chics types sont souvent mal à l'aise quand on aborde le sujet de la masturbation saine. Le concept leur semble absurde : ces hommes ont en général associé la masturbation à un profond sentiment de honte. De plus, leur entourage tend fréquemment à renforcer cette honte. Beaucoup se battent aussi pour résister à une tendance à la masturbation compulsive. Ils craignent d'ouvrir la boîte de Pandore en s'accordant la moindre gratification.

Pourtant, selon ce que j'ai pu observer, les chics types qui apprennent à se donner du plaisir sans avoir recours aux fantasmes ou à la pornographie ne risquent absolument pas de tomber dans la compulsion obsessionnelle. Je suis également persuadé que leur honte diminue rapidement dès lors qu'ils font part de leur expérience à d'autres hommes qui ne les jugent pas.

Une masturbation saine aide les chics types à modifier les dynamiques fondamentales qui les empêchent d'accéder à une vie sexuelle épanouissante. Elle contribue à faire disparaître la honte provoquée par l'activité sexuelle. Elle permet au chic type d'assumer ses propres besoins sexuels et son propre plaisir. Elle met fin à la

À PROPOS DE LA PORNOGRAPHIE

Je n'ai rien contre la pornographie en tant que telle, ni sur un plan légal, ni sur un plan moral. Je pense cependant qu'elle est néfaste aux hommes pour plusieurs raisons :

Elle crée des attentes irréalistes par rapport aux goûts des gens et à la forme que devrait prendre la sexualité.

Elle rend les hommes dépendants des corps et de parties du corps.

Elle peut aisément devenir le substitut de relations sexuelles réelles.

Elle génère un état de transe dans lequel les hommes ont toute latitude pour se livrer à une activité sexuelle tout en évitant de penser à la honte et à la peur qu'ils éprouvent.

Elle engendre la honte car elle est le plus souvent cachée et utilisée en secret.

Aux chics types qui veulent néanmoins avoir recours à la pornographie, je dis donc de le faire au grand jour, car ils tendront ainsi à dissiper la transe que la pornographie contribue à créer et à en faire une activité comme une autre.

À PROPOS DES FANTASMES

Le fantasme est une forme de dissociation, un processus qui permet de séparer le corps de l'esprit. La personne qui fantasme alors qu'elle se livre à une activité sexuelle abandonne volontairement et activement son corps. Même si certains sexologues font l'apologie du fantasme comme moyen d'améliorer sa vie sexuelle, c'est pour moi la meilleure façon de la tuer. Fantasmer pendant que l'on fait l'amour me paraît aussi sensé que de penser à un Big Mac en savourant un repas gastronomique. Le seul résultat auquel parvienne le fantasme est de distraire l'attention de la personne de la honte et de la peur qui l'habitent ou de masquer le fait que sa relation sexuelle ne le satisfait pas.

dépendance éprouvée face à un partenaire inaccessible ou à la pornographie. Elle enseigne au chic type à faire plaisir à la personne qui compte le plus à ses yeux : lui-même. Elle l'autorise à profiter d'une vie sexuelle aussi agréable que possible.

En faisant évoluer ces dynamiques grâce à la pratique d'une masturbation saine, on renforce et on rend plus intenses les relations sexuelles avec une autre personne. Prenons l'exemple de Victor. Il avait entamé une thérapie parce qu'il était à la recherche d'une solution rapide à son « problème » et ainsi éviter que sa fiancée ne le quitte. Au cours des premières séances, je ne cessai de lui répéter qu'il était indispensable qu'il fasse passer ses besoins en priorité. Comme avec la plupart des chics types, cette idée commença par le mettre mal à l'aise. Victor était terrifié à l'idée que sa petite amie le quitterait comme l'avait fait sa femme s'il n'était pas un bon amant et s'il n'était pas capable de la rendre heureuse.

J'encourageai Victor à se livrer à quelques activités non sexuelles, rien que pour lui-même. Je le rassurai régulièrement en lui disant que, contrairement à ce qu'il pensait, cela ne ferait que le rendre plus attirant aux yeux de sa fiancée. Quand il finit par comprendre que son amie ne se sentait par repoussée parce qu'il privilégiait ses propres besoins, nous passâmes à l'étape suivante. J'abordai alors avec lui le thème de la masturbation saine. Je l'encourageai à trouver un moment pendant lequel il ne serait pas dérangé et pourrait se concentrer sur son propre plaisir et son excitation. Je lui suggérai de faire cela sans chercher à tout prix à atteindre l'orgasme et sans faire appel au fantasme ou à la pornographie. Je le poussai à prêter attention à ce qui lui procurait des sensations agréables et à observer comment, inconsciemment, il tentait de ne pas penser à la honte et à la peur qu'il éprouvait.

Il fallut quelques semaines à Victor pour se lancer dans l'exercice. La première fois, il me raconta n'avoir pas ressenti « grand-chose ». Je lui dis de continuer au moins une fois par semaine. Puis, il me dit qu'il commençait vraiment à apprécier de se donner du plaisir, mais qu'il se sentait honteux et angoissé à l'idée que sa fiancée pourrait lui en vouloir.

Je suggérai à Victor de venir avec son amie à une séance pour qu'ils travaillent à échanger leurs modes de fonctionnement sexuel. Lorsque nous évoquâmes la possibilité que Victor accorde une attention moindre à l'excitation et aux orgasmes de son amie pour s'intéresser davantage à lui-même, celle-ci s'en montra soulagée. Elle expliqua que Victor faisait peser sur elle comme un fardeau lorsqu'il s'attendait à ce qu'elle ait des orgasmes multiples. Aussi avait-elle préféré faire semblant au lieu de le lui avouer.

Au fur et à mesure qu'ils se racontaient ce qu'ils ressentaient en faisant l'amour, leur mode de fonctionnement évolua. Ils se mirent à se parler plus longuement de ce que l'un et l'autre aimaient et n'aimaient pas au lit. Bien que ce fût dur à avouer, Victor fit part à sa fiancée de ce qu'il avait découvert sur lui-même au travers de ses séances de masturbation saine. Il fut étonné de constater qu'elle avait envie de lui donner du plaisir et qu'elle souhaitait avoir avec lui une relation réciproque.

Au bout de quelques mois, Victor et sa fiancée se marièrent comme prévu. Ils se montrèrent tous les deux soulagés de pouvoir abandonner leur vieille façon de faire l'amour en faveur d'une relation plus intime et plus proche.

TRAVAUX PRATIQUES

Réservez-vous une plage de temps pendant laquelle vous pratiquerez la masturbation saine. Choisissez un endroit confortable où personne ne viendra vous déranger. Entraînez-vous en vous regardant et en vous touchant sans avoir recours à la pornographie ou aux fantasmes. Prêtez attention à ce que vous ressentez lorsque vous vous livrez à une activité sexuelle sans objectif et sans avoir d'idée en tête (comme par exemple celle d'atteindre l'orgasme). Notez également si vous avez tendance à distraire votre attention de ce que vous éprouvez (en vous laissant aller à des fantasmes, en vous mettant à vous fixer des buts, en pensant à autre chose, en ne ressentant rien sur le plan physique). Soyez le spectateur de ces expériences et utilisez les informations que vous en retirez comme indicateurs de votre honte et de votre peur.

Savoir dire « non » à une sexualité insatisfaisante

En matière de sexe, les chics types sont les consommateurs les moins exigeants qui soient. Ils se contentent des miettes et viennent pleurer pour en avoir plus. Ils se contentent des corps dévoyés proposés par la pornographie. Ils se contentent de la sexualité sans visage du Minitel rose et des sites de discussion en ligne. Ils se contentent d'essayer de persuader des personnes indisponibles d'avoir à contrecœur des relations sexuelles avec eux. Ils se contentent d'une masturbation rapide et compulsive. Ils se contentent de faire l'amour sans passion et de façon mécanique. Ils se contentent de transe et de fantasmes. Bref, les chics types se contentent de peu.

Tant qu'une personne s'en tient à une sexualité insatisfaisante, elle restreint les occasions de vivre une sexualité gratifiante. Je dis souvent aux chics types : « Vous devez être prêts à abandonner ce que vous avez pour obtenir ce que vous voulez. » On ne peut espérer atteindre une sexualité de qualité qu'à partir du moment où l'on décide de cesser de s'accommoder d'une sexualité frustrante !

À quoi donc ressemble une sexualité de qualité ? Si nous nous fondons sur ce que nous voyons dans les films en général et dans les pornos en particulier, nous ne ferons que reproduire à l'infini une formule qui conduit à une sexualité insatisfaisante. Je considère que l'on est en présence d'une « sexualité de qualité » quand les deux personnes assument pleinement la responsabilité de la satisfaction de leurs propres besoins. C'est une sexualité sans objectifs ni attentes. Au lieu d'être du domaine de la performance, elle est le signe de l'épanouissement de l'énergie sexuelle. C'est la rencontre entre deux personnes qui se révèlent l'une à l'autre de la façon la plus intime et la plus vulnérable qui soit.

On peut parler de sexualité de qualité quand chacun des deux partenaires se concentre sur son propre plaisir, sa passion, son excitation, et établit un lien avec ces mêmes éléments chez l'autre. Toutes ces dynamiques rendent possible l'éclosion d'une sexualité gratifiante de façon inattendue, spontanée et inoubliable.

Quand les chics types décident de ne plus s'accommoder de relations sexuelles autres que satisfaisantes, ils commencent à assumer la responsabilité d'un mode d'action différent. Ils cessent de s'accrocher à la nécessité d'être de bons amants. Ils apprennent à être clairs et directs. Ils choisissent des partenaires disponibles. Ils ne se contentent pas des miettes. Ils décident qu'une sexualité insatisfaisante ne vaut pas mieux que pas de sexualité du tout.

Reprenons le cas de Samuel. Lors de ses premières semaines dans un groupe de parole, il confia aux autres participants la frustration et l'impuissance qu'il éprouvait à ne pas réussir à convaincre sa femme de coucher avec lui. Il était clair qu'il était persuadé qu'Hannah détenait la clef de son bonheur sexuel et qu'il lui en voulait de la détermination qu'elle montrait à ne pas vouloir utiliser cette clef. Il se sentait par conséquent rejeté et sans valeur.

Au bout de quelques semaines, je suggérai à Samuel d'établir un moratoire sexuel aux termes duquel il s'engagerait à ne pas avoir de relations sexuelles avec

Hannah pendant six mois. Durant cette période, je l'invitai à entreprendre des activités auxquelles il avait renoncé depuis son mariage. Je l'exhortai également de s'ouvrir à sa femme de tout ce qu'il ressentait. Je lui expliquai qu'un moratoire sexuel lui faciliterait la tâche, car il n'éprouverait plus le besoin de la ménager pour ne pas risquer qu'elle ne se montre plus disponible. Si l'enjeu des relations sexuelles disparaissait, il n'aurait plus à s'inquiéter de savoir si ce qu'il faisait ne risquait pas de la contrarier et de l'inciter à se refuser à lui.

Au départ, Samuel n'arrivait pas à comprendre comment cette stratégie pourrait amener Hannah à vouloir aller davantage au lit avec lui. Je lui expliquai que le but n'était pas de la convaincre d'avoir des relations sexuelles plus fréquentes, mais de l'amener, lui, à récupérer sa clef et à cesser de se poser en victime.

Bien qu'il hésitât beaucoup au début, il reconnut qu'il n'avait de toute façon quasiment pas de vie sexuelle. Avec le soutien des membres de son groupe de parole, Samuel décida de rentrer chez lui ce soir-là et d'expliquer ses intentions à sa femme.

La semaine suivante, Samuel rapporta au groupe les réactions d'Hannah : celle-ci s'était d'abord montrée furieuse, puis elle lui avait témoigné plus d'affection qu'au cours des mois précédents.

Pendant les six mois suivants, Samuel continua de raconter au groupe ce qu'il vivait. Il avait à plusieurs occasions fait des choses pour lui-même qui auraient auparavant déclenché de profondes crises d'angoisse. Il était sorti avec des copains qu'il n'avait pas vus depuis deux ans. Il s'était mis à parler de ce qu'il ressentait avec sa femme et s'était notamment plus d'une fois mis en colère contre elle. Il lui avait même signifié à deux reprises qu'il n'était pas d'humeur à l'écouter raconter ses problèmes. Il avait eu également le sentiment de se montrer plus honnête, confiant à Hannah ce qu'il aurait autrefois passé sous silence.

Samuel dit aussi que sa femme lui avait fait des

avances sexuelles. Elle lui avait dit qu'elle se sentait plus libre d'aller vers lui depuis qu'il ne la poursuivait plus. Elle lui expliquait qu'elle aimait pouvoir l'aguicher sans que cela se termine au lit à chaque fois.

Au bout de six mois, Samuel confirma éprouver beaucoup moins de ressentiment. Il avait découvert aussi comment satisfaire ses propres besoins et exprimer ses sentiments plus directement sans passer par l'intermédiaire du sexe. Surtout, quand Hannah et lui avaient recommencé à faire l'amour, il s'était senti beaucoup plus proche de sa femme.

TRAVAUX PRATIQUES

Envisagez la possibilité de vous soumettre à un moratoire sexuel. Pour cela, engagez-vous en toute conscience à ne pas avoir de relations sexuelles pendant un laps de temps déterminé. Quelle que soit votre situation sur le plan sexuel, cette expérience peut se révéler très instructive. La plupart des hommes font preuve de résistance à cette idée, mais dès lors qu'ils ont pris la décision de la mettre en pratique ils découvrent tous les bénéfices qu'ils peuvent en retirer. En voici un florilège.

Le moratoire sexuel contribue à interrompre certains cycles de dysfonctionnement.

Il élimine la poursuite et la mise à distance.

Il permet au ressentiment de s'exprimer.

Il aide le chic type à se rendre compte qu'il peut très bien vivre sans le sexe.

Il pousse le chic type à prendre conscience qu'il est le seul à détenir la clef de son expérience sexuelle et l'aide à voir comment il s'accommode d'une sexualité insatisfaisante.

Il met fin à la peur ressentie par le chic type à l'idée que sa partenaire détient le pouvoir de contrôler l'accès à la sexualité et de donner son approbation.

Il invite les chics types à prêter attention aux signification de leurs pulsions sexuelles : dès qu'un individu ressent l'envie de se montrer sexuel, il peut automatiquement se demander : « Pourquoi ai-je envie de sexe ? »

Il aide à combattre l'addiction en éliminant la masturbation compulsive, la pornographie et les comportements addictifs.

Il pousse les chics types à assumer des sentiments qu'ils avaient évité d'affronter en se réfugiant derrière leur sexualité.

Avant de vous lancer dans un moratoire sexuel, discutez-en avec votre compagne. Vous déciderez ainsi ensemble de la durée. Je suggère que celle-ci soit de trois à six mois. C'est tout à fait faisable.

Mettez au point les paramètres du moratoire. Une fois que vous avez commencé, prêtez attention à vos écarts et aux comportements de sabotage que vous pourriez adopter, qu'ils soient de votre fait ou de celui de votre partenaire. N'oubliez pas qu'il s'agit d'une expérience. Vous n'êtes pas tenu à la perfection.

L'exemple du chef de meute

Dans la nature, le mâle alpha et le chef de meute ne se contentent pas de rester dans leur coin à se demander ce qu'ils pourraient bien faire pour que les filles les aiment. Ils sont eux-mêmes : farouches, forts, prêts à se battre contre leur adversaire et fiers de leur sexualité. Pour ces raisons, ils attirent les partenaires potentielles.

Chez les hommes comme dans la nature, la confiance en soi forme le plus puissant des aphrodisiaques. À mesure que les chics types progressent sur le chemin de la désintoxication, ils apprécient de pouvoir se montrer tout simplement eux-mêmes et deviennent par conséquent plus attirants. L'homme qui se respecte, se montre courageux, intègre, et il a fière allure. Les gens répondent positivement aux chics types qui entreprennent de tracer leur propre route et de se mettre en avant.

J'ai entendu beaucoup d'hommes me raconter la

surprise qu'ils avaient éprouvée de voir leur partenaire, jusque-là apparemment indisponible, exprimer un désir de faire l'amour alors qu'ils avaient « égoïstement » fait passer leurs propres besoins en premier. L'un de mes patients, qui n'avait pas couché avec sa femme depuis quatorze mois, confia un jour au groupe de parole dont il faisait partie qu'il était fatigué d'entendre sa femme se plaindre de ses problèmes de boulot. Ce soir-là, pour la première fois depuis quinze ans qu'ils étaient mariés, il lui dit qu'il n'avait pas envie de l'écouter. Bien que rendue d'abord furieuse par sa réaction, elle lui demanda plus tard dans la nuit s'il voulait faire l'amour.

Une force de la nature

Ce qui rend le sexe si excitant est également ce qui le rend si terrifiant. Le sexe est puissant, chaotique et sauvage. Il crépite d'énergie cosmique. Il nous attire comme un insecte vers une flamme. Au fur et à mesure que les chics types se libèrent de la honte et de l'angoisse qu'ils éprouvent face à la sexualité, assument la responsabilité de leur propre plaisir, refusent de s'accommoder d'une sexualité insatisfaisante et s'entraînent à être tout simplement eux-mêmes, ils se placent en position d'embrasser cette force cosmique sans peur ni réserve. C'est à ce moment-là que la sexualité devient un vrai plaisir.

CHAPITRE IX

Bien vivre sa vie

Imaginez que vous puissiez faire tout ce que vous voulez. Où habiteriez-vous ? Que feriez-vous de vos loisirs ? Quelle serait votre profession ? À quoi ressembleraient votre maison et votre environnement ?

Maintenant, penchez-vous sur la vie que vous menez. Vous satisfait-elle vraiment ? Et si tel n'est pas le cas, qu'est-ce qui vous empêche de vivre comme vous l'entendez ?

D'une manière générale, les chics types avec lesquels j'ai eu l'occasion de travailler étaient des individus intelligents, travailleurs et compétents. Même si beaucoup connaissent au minimum une réussite modérée, la majorité n'ont pas atteint la pleine mesure de leurs capacités ni de leur potentiel. Ils n'ont pas non plus une vie qui les satisfasse vraiment.

Dans la mesure où ils passent leur temps à rechercher l'approbation des autres, à dissimuler leurs faiblesses, à jouer la carte de la sécurité et à faire le contraire de ce qu'il faudrait, il est logique qu'ils soient incapables de vivre à la hauteur de leur potentiel. Et c'est sans doute la plus grande tragédie du chic type : il est intelligent, talentueux, mais il gâche sa vie et se complaît dans les marécages de la médiocrité.

Les chics types au travail

Dans la plupart des cas, les chics types viennent d'abord me voir parce que leur paradigme vital affecte leurs relations intimes. Ces problèmes relationnels cachent souvent le fait que ces hommes sont également peu satisfaits de leur travail, de leur carrière ou de la direction que prend leur vie en général. Les dynamiques qui maintiennent les chics types dans des relations dysfonctionnelles et frustrantes et celles qui les maintiennent dans des professions dysfonctionnelles et frustrantes sont souvent les mêmes.

Pourquoi se contentent-ils d'une vie, d'un travail et d'une carrière ne correspondant pas à leurs capacités ? Les raisons sont nombreuses. En voici quelques-unes : la peur, l'envie de bien faire, le désir de tout faire par soi-même, l'autosabotage, une image de soi déformée, un sentiment de manque, une incapacité à se dégager de systèmes familiers mais dysfonctionnels.

La peur empêche les chics types de bien vivre leur vie

Si je devais identifier un facteur commun à tous les problèmes rencontrés par les chics types, ce serait la peur. Elle régit à peu près tout ce qu'ils font ou ne font pas. Leurs pensées sont acheminées par des neurones paralysés par la peur. Leurs interactions sont dictées par la politique de la peur.

C'est la peur qui les empêche de réclamer l'augmentation qu'on leur a promise.

C'est la peur qui les empêche de reprendre des cours, de suivre l'enseignement et d'obtenir le diplôme dont il ont besoin pour avoir une carrière satisfaisante.

C'est la peur qui les empêche d'abandonner un emploi que pourtant ils méprisent.

C'est la peur qui les empêche de créer l'entreprise de leurs rêves.

C'est la peur qui les empêche de vivre là où ils en ont vraiment envie et de faire ce qu'ils ont vraiment envie de faire.

Les chics types ont peur de commettre des erreurs, peur de mal faire, peur de l'échec, peur de tout perdre. Et ils ont peur non seulement de la catastrophe, mais aussi du succès ! Ce qui pourrait se passer s'ils réussissaient les effraie. Ils pensent qu'on découvrira leur imposture. Ils pensent qu'ils seront incapables de combler les attentes des autres. Ils pensent qu'on les critiquera. Ils pensent qu'ils n'auront aucun contrôle sur leur vie. Ils pensent que, fatalement, tout va rater, et que ce sera de leur faute. Que ces peurs soient réelles ou imaginaires, ils préfèrent, au lieu de les affronter, vivre petitement.

Quand l'envie de bien faire devient un obstacle

Toute vie est faite d'évolution et de changement. Pour que ce processus puisse se dérouler naturellement et complètement chez un individu, celui-ci doit accepter de renoncer au contrôle. En lâchant prise, on permet à un magnifique chaos de retentir en soi. En émerge une vie dynamique et épanouissante.

Les chics types s'efforcent de manière obsessionnelle de protéger leur vie pour que celle-ci demeure lisse, ne soit ponctuée d'aucun événement marquant. Dans ce but, ils essaient de « bien faire » et suivent les « règles ». Malheureusement, en adoptant une telle stratégie de vie, ils placent un couvercle hermétique sur toutes leurs énergies créatrices. Ils tuent leurs passions et n'exploitent pas leur potentiel.

Essayer de bien faire, c'est se barrer l'accès à la création.

Viser la perfection, c'est rester focalisé sur ses propres défauts.

Rechercher sans cesse la validation et l'approbation de l'entourage, c'est rester confiné dans sa propre médiocrité.

Dissimuler ses faiblesses et ses erreurs, c'est éviter de prendre des risques ou de se lancer dans de nouvelles expériences.

Suivre obstinément les règles, c'est se rigidifier, jouer la prudence et s'effrayer d'un rien.

À cause des limites qu'ils s'imposent à eux-mêmes, de nombreux chics types éprouvent un sentiment d'insatisfaction, d'ennui ou de déception quand ils se penchent sur leur vie et leur vocation.

Apprendre à ne pas toujours tout faire par soi-même

Pendant l'enfance, leurs désirs n'ont pas été satisfaits au moment opportun et de manière adéquate. Certains ont été négligés, d'autres ont été manipulés, abusés, ou encore abandonnés. Tous ont grandi avec l'idée qu'il était mauvais ou dangereux pour eux d'avoir des besoins. Et tous ont fini par croire que ce qu'ils obtiendraient dans la vie, ils ne le devraient qu'à eux-mêmes.

Par conséquent, les chics types ont de grandes difficultés à recevoir. Ils sont terrifiés à l'idée d'appeler à l'aide. Ils sont extrêmement malheureux quand d'autres font preuve de générosité à leur égard. Et ils n'arrivent pas à déléguer.

Persuadés d'avoir à tout faire par eux-mêmes, ils sont souvent incapables de donner la pleine mesure de leurs capacités. Personne ne saurait être bon en tout ou réussir seul, mais les chics types, eux, sont persuadés qu'ils peuvent le faire. Touches à tout, ils ne sont véritablement bons en rien. Ce conditionnement venu de l'enfance garantit qu'ils ne feront jamais jouer tout leur potentiel dans aucun domaine.

L'art de l'autosabotage

Parce qu'ils ont peur de réussir, les chics types sont passés maîtres dans l'art du sabotage. Ils sapent toutes leurs chances de succès en perdant du temps, en s'excusant sans arrêt, en n'allant jamais au bout de leurs projets, en se préoccupant trop des autres, en courant trop de lièvres à la fois, en se laissant piéger dans des relations chaotiques, en procrastinant, en ne posant pas de limites.

Les chics types excellent souvent à paraître compétents. Mais si l'on veut vraiment être le meilleur, il faut accepter de se soumettre à l'attention parfois indésirable des autres et subir leur regard scrutateur – toutes choses que ces hommes ne peuvent supporter, car les feux du succès menaceraient par ricochet d'éclairer leurs prétendus faiblesses et défauts.

Les chics types déploient donc une imagination sans limites pour ne jamais réussir trop bien. Ainsi, en ne commençant rien, ils ne risqueront pas d'échouer. En ne finissant rien, ils ne seront pas critiqués. S'ils entreprennent plusieurs projets en même temps, ils ne seront tenus d'en mener aucun à terme. S'ils réussissent à se trouver suffisamment de bonnes excuses, personne n'attendra grand-chose d'eux.

L'étrange image de soi des chics types

Le chic type a de lui-même une image déformée. Là encore, il faut en chercher la cause dans son enfance : ses besoins n'ont pas été satisfaits comme il fallait et au moment opportun. Armé d'une logique naïve et immature, il en a conclu que si ses besoins n'étaient pas essentiels, lui-même ne l'était pas non plus. Cette conviction est la base de ce que j'ai appelé la honte toxique. Au plus profond de lui, le chic type est persuadé de n'être ni suffisamment important ni suffisamment bon. Et pour peu qu'il ait, petit, été amené à s'occuper d'un parent trop exigeant ou trop dépendant, c'est une double dose de honte toxique qu'il aura reçue. L'enfant croit en effet qu'il devrait être capable de faire plaisir à un parent négatif, de résoudre les problèmes d'un parent déprimé, ou de répondre aux besoins d'un parent abusif. Hélas, c'est impossible.

Incapables de résoudre les problèmes, de faire plaisir à leurs parents ou de prendre soin d'eux, les chics types ont souvent eu tendance à développer le sentiment profond qu'ils sont médiocres. Ils se sont persuadés qu'ils auraient dû pouvoir accomplir la tâche que l'on attendait d'eux. Et pourtant, ils avaient beau faire, et faire de leur mieux, ce n'était jamais ce qu'il fallait, ce n'était jamais assez : maman était toujours déprimée, papa se montrait toujours aussi critique.

Ce sentiment intériorisé de médiocrité et de déficience les a suivis à l'âge adulte. Certains chics types compensent en essayant toujours de bien faire. Ils espèrent ainsi que personne ne se rendra jamais compte qu'ils ne sont pas à la hauteur. D'autres abandonnent avant même de tenter quoi que ce soit.

Le sentiment qu'ils ont d'être médiocres interdit à ces hommes de se mettre en avant, de prendre des risques ou d'adopter un comportement différent de celui qu'ils ont toujours eu. Il les maintient dans leur train-train habituel, ne leur permettant pas de prendre conscience d'un talent et d'une intelligence que leur entourage, au contraire, semble être parfaitement en mesure d'observer.

Cette déformation de l'image de soi a conduit à la mise en place d'un plafond de verre émotionnel et cognitif qui vient former comme un couvercle invisible empêchant les chics types de donner toute leur mesure. S'ils tentent de s'élever, ils se cognent la tête. Ils retournent alors sur des terres plus familières.

D'un manque hérité de l'enfance

Parce que leurs demandes n'ont pas été assouvies de façon satisfaisante lorsqu'ils étaient petits, les chics types croient qu'il y a autour d'eux une pénurie de ce qui leur est nécessaire pour survivre. Cette expérience du manque constitue aujourd'hui la grille de lecture au travers de laquelle ils interprètent le monde.

Le paradigme de la rareté et de la carence affectives les conduit à se montrer manipulateurs et à vouloir tout contrôler. Ils en viennent à penser qu'ils feraient mieux de s'accrocher à ce qu'ils ont et à ne pas prendre trop de risques. Mais ils en veulent du même coup à ceux qui semblent posséder ce qui leur manque.

Persuadés d'avoir été lésés et d'avoir manqué d'affection, les chics types pensent petit. Ils croient qu'ils n'ont pas droit au bonheur. Ils trouvent toujours le moyen de s'assurer que le regard qu'ils portent sur le monde n'est jamais remis en question. Ils se contentent des miettes et se convainquent qu'ils n'ont pas droit à autre chose. Ils parviennent toujours à justifier leur insatisfaction chronique.

À cause des limites qu'ils se mettent à eux-mêmes et dont ils se persuadent du bien-fondé, les chics types montrent rarement de quoi ils sont capables. Ainsi n'obtiennent-ils généralement pas ce qu'ils veulent.

Une incapacité à se dégager de systèmes familiers, mais dysfonctionnels

Comme nous l'avons vu au cours des chapitres précédents, deux facteurs empêchent principalement les chics types d'obtenir ce qu'ils veulent en amour. Le premier est qu'ils tendent à recréer des relations qui leur sont familières, quand bien même elles ne les satisfont pas. Ils choisissent des partenaires qui les aideront à mettre en place les mêmes relations dysfonctionnelles que celles de leur enfance. Puis ils se considèrent souvent comme les victimes du dysfonctionnement de leurs partenaires, éprouvant le plus grand mal à accepter le fait que c'est précisément ce dysfonctionnement qui les a attirés chez ces personnes.

Deuxième facteur : ils détestent la rupture, au point d'être parfois tout bonnement incapables de rompre. Alors qu'une personne douée de bon sens aurait depuis longtemps fait ses valises pour passer à autre chose, les chics types répètent les mêmes comportements avec l'espoir qu'une intervention divine produira du changement.

Ils ne se montrent guère différents dans leur métier. Ils sont attirés par les carrières et les postes qui leur permettent de recréer les rôles, les relations et les règles dysfonctionnels de leur enfance et se considèrent souvent comme les victimes impuissantes de cette situation. Il est rare qu'ils acceptent de voir pourquoi il leur est nécessaire que ces systèmes soient ainsi et qu'ils pourraient très bien décider de partir.

En recréant inconsciemment sur le plan professionnel les modes de fonctionnement familiaux auxquels ils sont habitués, les chics types se sentent coincés et insatisfaits. Tout en perpétuant les dysfonctionnements de leur enfance, il font rarement ce qu'ils voudraient et parviennent donc tout aussi rarement à faire carrière.

Aller au bout de ses passions et de son potentiel

Je dis souvent aux membres de mes groupes de parole que mon but est que chacun d'entre eux finisse millionnaire. Cette déclaration a peu de rapports avec l'argent ou la richesse matérielle : il s'agit plutôt de découvrir quelles sont nos passions et d'exploiter notre potentiel.

Comme je l'ai dit plus haut, les hommes que je suis en thérapie sont en général intelligents et talentueux. Leur premier travail est de s'accepter tels qu'ils sont. Cette acceptation de soi leur permet ensuite de prendre la mesure de leurs passions et d'affronter leurs peurs.

En ayant une vision plus juste d'eux-mêmes et du monde, ils s'enrichissent librement. Pour certains, cette richesse prendra la forme de l'argent ; pour d'autres, celle de l'amour ; pour d'autres encore, celle du sexe ; ou bien celle du succès ; et parfois ce sera tout cela en même temps.

Bien, mais comment faire, concrètement, pour exploiter son potentiel ?

Affronter ses peurs

Charles aurait pu jouer le rôle principal dans un film à la gloire des chics types sans passion et sous-employés. La première fois que je le rencontrais, il végétait, détestant son boulot et menait une existence médiocre et craintive. Il avait obtenu son diplôme d'ingénieur deux ans plus tôt et pourtant il occupait toujours le même poste qu'avant. Ses employeurs lui avaient promis une importante promotion après le diplôme. Ils n'avaient pas tenu parole. Charles s'était contenté de ravaler sa rancœur et avait continué de faire ce qu'il faisait depuis toujours.

Voler était son unique passion. Malgré les mises en garde catastrophistes de sa mère, il avait commencé à prendre des leçons de pilotage à la sortie de son école d'ingénieur. Il rêvait de passer sa licence de pilote. Il semble pourtant qu'il n'avait jamais été capable d'aller jusqu'au bout et de satisfaire aux critères de sélection.

Une collègue de travail lui parla de mon site Internet, sur lequel je décris le syndrome du chic type. Charles se connecta. Il fut mortifié par ce qu'il lut : on venait de le percer à jour. Charles sut immédiatement qu'il lui faudrait s'inscrire dans un groupe de parole, mais il était terrifié à l'idée de se montrer si vulnérable.

C'est alors qu'il prit une résolution qui changea radicalement sa vie : il décida d'affronter sa peur et d'aller de l'avant. Il ignorait bien évidemment alors que cette décision n'était que le premier pas sur un chemin qui l'amènerait à redécouvrir ses passions et ce qui le motivait dans la vie.

Pendant un an et demi, Charles n'eut plus qu'un seul credo : s'il avait peur de quelque chose, il regardait sa peur en face. Ses progrès furent lents, mais réguliers. En un sens, il rampa jusqu'à être capable de se mettre debout. Puis il fit de petits pas incertains jusqu'à ce qu'il se mette à courir. Une fois lancé, rien ne pouvait plus l'arrêter.

Il participa de plus en plus activement au groupe de parole où il s'était inscrit, dévoilant sa personnalité et n'hésitant pas à affronter les autres participants.

Il s'interrogea sur la négligence dont il avait été victime de la part de sa famille et sur les messages fondés sur la peur que celle-ci lui avait envoyés.

Il demanda à son père de l'accompagner à une séance de thérapie et le questionna sur l'indisponibilité et l'indifférence dont il avait fait preuve à son égard quand il était enfant.

Il cessa de mettre sur le compte de sa petite amie le fait de n'avoir pas assez d'argent pour se payer des cours de pilotage.

Il changea d'école de pilotage lorsque celle où il était

ne fut plus en mesure de lui fournir le type d'instruction et d'équipement qu'il attendait.

Il passa des entretiens d'embauche pour des postes mieux adaptés à son diplôme d'ingénieur.

Il se pencha sur le sentiment qu'il éprouvait de ne pas se sentir à la hauteur, sur les messages de prudence distillés par sa famille et sur ses fausses croyances quant à ses compétences professionnelles.

Il cessa d'être terrifié par sa petite amie et réussit à lui reprocher de ne jamais participer aux tâches ménagères.

Il fit son vol en solo et passa sa licence de pilote.

Il accepta que les membres de son groupe de parole l'emmènent dîner pour son anniversaire. Au restaurant, il affronta son angoisse d'être au centre de toutes les attentions.

Il postula avec succès dans une société d'ingénierie où l'on croyait en ses capacités, en son talent et au fait qu'il représentait une valeur ajoutée pour l'entreprise.

Quand Charles évoqua devant son groupe de parole la possibilité qu'il ait ce poste, je compris que j'avais été le témoin d'une métamorphose aux proportions épiques. Cet homme était passé de l'état de chic type introverti, peureux et passif, à celui d'individu en mouvement, motivé par la passion et les objectifs qu'il se fixait.

Un jour, je lui demandai de m'expliquer par écrit comment il avait réussi sa métamorphose. Voici le e-mail qu'il m'adressa : « Avant toute chose, j'ai dû cesser de me considérer comme une victime.

» J'ai commencé par fixer des limites. Modestes au début, elles sont devenues plus importantes avec le temps.

» À partir du moment où les limites ont été posées et respectées, je me suis mis à croire en moi.

» L'honnêteté a pointé le bout de son nez en cours de route.

» Je me suis répété que j'étais un adulte diplômé et qualifié pour occuper un poste d'ingénieur dans l'industrie.

» J'ai toujours su que mon précédent employeur était dysfonctionnel et que ce n'était pas par hasard si je trouvais la situation confortable. Quand j'ai fini par comprendre et accepter que je n'avais pas besoin de ce système pour survivre, j'ai pu aller de l'avant. »

Décider soi-même de la marche à suivre

La plupart des gens – y compris les chics types – ne prennent pas consciemment la responsabilité de vivre la vie qu'ils veulent. Dans l'ensemble, ils acceptent la place qui leur a été assignée et se comportent comme s'il ne leur appartenait pas de se construire une vie excitante, productive et satisfaisante.

Quand j'explique à des chics types qu'il faut être responsable de sa propre vie, ils éprouvent les pires difficultés à assimiler ce concept. Faire des choix et les mettre en œuvre, voilà qui ne correspond tout simplement pas à leur paradigme.

Je les encourage à visualiser une vie où ils feraient ce qu'ils aiment et s'en verraient récompensés. La plupart ont du mal avec cette idée. Ils réagissent comme si je leur demandais de croire à un conte de fées. Parfois, ils repoussent l'idée au prétexte que « tout le monde n'a pas comme vous la chance d'exercer un métier qu'on aime et qui, en plus, rapporte ». Au début, j'ai accepté cette logique. Puis, il m'est apparu que cela n'avait rien à voir avec la chance.

Passer un doctorat est le résultat d'une décision consciente, de persévérance et de travail acharné : rien à voir avec la chance.

Pour me créer une clientèle j'ai dû affronter mes peurs, quitter un emploi garanti et bien payé, faire des sacrifices, prendre un deuxième boulot pour régler les factures, apprendre, essayer des choses, me tromper souvent, et bouffer de la vache enragée pendant un moment : rien à voir avec la chance.

Pour devenir un thérapeute expérimenté, j'ai relevé le défi du développement personnel, de l'évolution permanente, et j'ai accepté de prendre un risque financier en investissant dans mon propre processus thérapeutique : rien à voir avec la chance.

Écrire un livre, mettre au point un site Internet et trouver un éditeur m'a demandé d'être persévérant et d'affronter diverses peurs : rien à voir avec la chance.

Je ne suis pas meilleur qu'un autre. Je suis un type ordinaire, avec des capacités ordinaires. J'ai les mêmes peurs que bien des chics types avec lesquels je travaille. Je n'ai aucun talent spécial, aucun don que n'auraient pas la majorité de mes patients.

Alors qu'est-ce qui fait la différence ?

J'ai pris la décision consciente d'affronter mes peurs.

J'ai pris la décision consciente de ne pas me contenter de la médiocrité.

J'ai pris la décision consciente de créer mes propres règles.

Pensez aux gens que vous respectez ou que vous admirez. La plupart sont probablement partis de rien. Néanmoins, ils ont su trouver les moyens de se construire une vie intéressante. Ils ont décidé eux-mêmes de la marche à suivre et ont élaboré leurs propres règles. En quoi sont-ils différents ? Ce sont le plus souvent des gens ordinaires qui ont pris leur destin en main.

S'ils en ont été capables, vous l'êtes aussi. Ce qu'un homme peut faire, tout homme peut le faire. Réfléchissez-y un moment : si d'autres ont réussi à être responsables de leur vie, à la rendre stimulante, alors vous réussirez aussi. Le seul qui puisse vous empêcher de le faire, c'est… vous. Il est donc temps de prendre des décisions, de les mettre en œuvre selon vos propres règles, et de réaliser enfin vos rêves.

TRAVAUX PRATIQUES

Examinez la liste ci-dessous. Sélectionnez l'une de ces affirmations et nommez une peur que vous ressentez de façon tangible dans votre vie. Notez comment vous entendez faire face à ce problème particulier. Demandez à une personne de votre entourage de vous encourager et vous soutenir. Ne cherchez pas à faire cela tout seul.

Et n'oubliez pas : quel que soit le résultat, vous vous en sortirez.

- Demander une augmentation ou une promotion.
- Démissionner d'un boulot insatisfaisant.
- Créer votre propre entreprise.
- Suivre une formation ou reprendre des études.
- Affronter un conflit.
- Promouvoir une idée à vous ou toute autre chose créée par vous.
- Aller au bout de vos objectifs.
- Passer davantage de temps à pratiquer un passe-temps ou une activité qui vous intéresse.

Cesser d'être perfectionniste

Ce livre a d'abord pris la forme de quelques chapitres que j'envisageais d'écrire à l'intention des membres du premier groupe de parole que j'avais créé. Au départ, donc, il n'y avait pas encore de programme ni de but. J'ai simplement écrit avec spontanéité tout ce qui me venait à l'esprit sur ce syndrome que je cernais de mieux en mieux. Bientôt, des patients et certains membres de ma famille m'incitèrent à en faire un livre. C'était une suite logique à ma pratique ; l'idée me sembla tout à fait sensée.

Alors, quelque chose changea. Au lieu d'écrire à destination d'une poignée de patients, mes efforts portaient maintenant sur un texte méritant publication et une large distribution. On commença à me parler de « best-seller », d'émissions de télé et de droits d'auteur.

Ce que je produisais naguère avec amour et sans efforts se mit à ployer sous les attentes : mon livre avait intérêt à être bon, à la hauteur des standards élevés que certains suggéraient. Pas simplement bon, d'ailleurs, mais parfait !

Avec cet objectif en tête, je m'attelai à la tâche. Pendant six ans, j'essayai d'achever mon livre. La question que mes amis et ma famille me posaient le plus souvent à cette époque, c'était : « Quand vas-tu finir ton livre ? »

TRAVAUX PRATIQUES

Quel est réellement votre but dans la vie ? Qu'est-ce qui vous empêche de l'atteindre ? Notez trois choses que vous souhaiteriez vraiment voir se produire. Puis réfléchissez à ce que vous devrez mettre en œuvre pour les réaliser. Inscrivez cela sur un morceau de papier que vous placerez bien en vue. Faites part de vos rêves et des moyens que vous emploierez pour les réaliser à une personne de confiance.

Au fil des années, le livre a subi au moins trois grands changements ainsi qu'un important travail éditorial. De nombreux facteurs contribuent à expliquer le temps qu'il m'aura fallu pour en venir à bout, mais la raison principale était que je pensais qu'il fallait qu'il soit parfait ! Il devait être parfait pour être publié ; il devait être parfait pour être acheté ; il devait être parfait pour aider les chics types.

C'était une grossière erreur d'interprétation. J'étais persuadé de devoir écrire un pavé, dans lequel j'aurais mis tout ce que je savais sur ce syndrome ; il me fallait aussi, pensais-je, faire preuve d'éloquence ; enfin je croyais que mon texte devait être sans défaut.

Je suivis une thérapie pour essayer de comprendre pourquoi j'étais incapable de finir mon livre. Mes enfants cessèrent d'y croire et prédirent qu'il ne verrait jamais le jour. Même ma femme menaça de me quitter si je n'aboutissais pas.

Enfin, après des années de frustration, l'illumination vint. Une personne pleine de sagesse avait suggéré que je m'autorise à ne jamais publier ce livre. Je me sentis immédiatement soulagé.

Je m'aperçus que je m'étais éloigné de mon but initial : mettre bout à bout quelques pensées utiles à certains hommes désirant être plus heureux dans la vie. Dès que j'eus abandonné l'idée d'avoir à trouver un éditeur, d'écrire un best-seller ou d'être invité à la télévision, tout changea. Je repris mon objectif de départ. À partir de ce moment-là, quand j'écrivais, je ne me demandai qu'une seule chose : « Cela aidera-t-il mes patients à trouver une réponse à leurs problèmes ? » Je ne cessai de me dire aussi que mes patients n'auraient jamais la chance de bénéficier de ce que j'avais appris si je ne terminais pas ce livre.

Dès lors que j'eus renoncé à faire le livre parfait, tout se mit en place. J'achevai le livre ; mes patients me dirent qu'il changeait leur vie ; les thérapeutes m'en réclamèrent des exemplaires pour leurs propres patients ; des présentateurs à la radio, à la télévision, et des journalistes de la presse écrite me contactèrent pour m'interviewer ; je pris un agent ; les éditeurs me firent la cour.

En voulant être perfectionniste, je n'avais réussi qu'à supprimer de mon livre tout souffle vital. En lâchant prise et en me contentant d'être « suffisamment bon », j'avais recouvré ma liberté. J'étais libre d'être passionné, libre de créer quelque chose de durable. Ce principe s'applique à tous les domaines de la vie des chics types qui veulent s'en sortir.

TRAVAUX PRATIQUES

En quoi votre perfectionnisme ou votre besoin de tout faire « comme il faut » vous empêche-t-il d'aller jusqu'au bout de vos passions et d'exploiter pleinement votre potentiel ?

Choisissez une activité que vous avez toujours rêvé de développer : écrire un livre, transformer votre passe-temps en profession, déménager, reprendre des études, cultiver un don, etc.

Posez-vous la question suivante : si vous saviez par avance que cette entreprise allait être couronnée de succès, hésiteriez-vous à vous jeter à l'eau ? Savoir cela vous libérerait-il de l'exigence de perfection que vous vous imposez ? Cela vous encouragerait-il à commencer ou à finir ce que vous avez déjà entrepris ? Quels risques seriez-vous prêt à prendre si vous saviez à l'avance que vous ne pouvez que réussir ?

Qu'attendez-vous pour vous lancer ? Cessez de vous raccrocher au besoin d'être parfait et allez-y. Tout simplement.

Apprendre à demander de l'aide

Si les chics types sont incapables d'utiliser leur potentiel, c'est le plus souvent parce qu'ils pensent qu'ils doivent tout faire eux-mêmes. Prenons Philippe. Son but dans la vie était de devenir riche. Il avait beaucoup d'atouts : il était séduisant, intelligent, extraverti et drôle. Pourtant, il semblait toujours manquer de peu ses objectifs et ses rêves grandioses. À chaque fois, un obstacle se mettait en travers de son chemin : il bâclait le travail, procrastinait et pensait qu'il ne méritait pas de réaliser ses rêves.

Surtout, Philippe éprouvait les plus grandes difficultés à se tourner vers les autres pour demander de l'aide. Il avait sur la question des idées complètement fausses et profondément enracinées en lui : il ne croyait pas être digne de ce qu'il voulait ; il était persuadé que ses besoins ne comptaient pas pour les autres ; et il pensait que le meilleur moyen d'essuyer un refus était de demander les choses de façon claire et directe.

Un jour, alors qu'il participait à une séance de son groupe de parole, il se répandit en lamentations sur l'absence de vie sexuelle dans son couple. Je lui demandai s'il avait exprimé à sa femme son désir de faire l'amour avec elle. Il me répondit que non. Je lui demandai s'il pensait que sa femme voulait faire l'amour avec lui. Il me répondit là encore par la négative.

Je lui dis alors que ce vide sexuel me semblait symptomatique d'un problème plus profond, un problème qui était lié au fait de n'accorder aucune valeur à ses propres besoins et de ne pas croire que d'autres personnes pussent vouloir l'aider à combler ceux-ci. Je lui suggérai qu'une approche différente de ses besoins sexuels pourrait être le point de départ de changements plus importants, touchant à son mode de raisonnement.

La semaine suivante, Philippe affichait un sourire radieux : « Ma femme et moi, nous avons fait l'amour », exulta-t-il. Le groupe partagea sa joie et voulut savoir comment c'était arrivé.

« Je le lui ai demandé », répondit-il simplement.

Je l'interrogeai sur la manière dont sa femme avait réagi à l'idée de coucher avec lui. « Elle était très contente, répondit-il. Elle m'a dit qu'elle aimait faire l'amour avec moi, mais comme cela faisait longtemps que je ne lui avais rien demandé, elle pensait que ça ne m'intéressait pas. »

Une semaine plus tard, Philippe dit au groupe qu'il appréhendait d'avoir à demander à son beau-père de lui prêter de l'argent pour remplacer ses vieilles fenêtres à simple vitrage. Des membres du groupe l'interrogèrent sur le prix. D'autres lui racontèrent qu'ils avaient entrepris le même genre de travaux chez eux. Je suggérai à Philippe de demander au groupe de l'aider à remplacer ses fenêtres. Ce fut pour lui aussi douloureux que d'aller chez le dentiste, mais il finit par le faire. Les participants présents répondirent à l'unanimité qu'ils seraient très heureux de lui rendre ce service. Environ un mois plus tard, tout le monde se réunit chez Philippe pour fêter l'événement.

Ces deux expériences eurent un impact très profond sur Philippe. Il commença à percevoir que ses besoins devaient être pris en considération, que son entourage était prêt à l'aider à les satisfaire et que, pour obtenir cette aide, le meilleur moyen était tout bêtement d'en faire la demande.

Il se servit de ce nouveau paradigme pour réorganiser sa vie. Au bout de quelques semaines, il dit au groupe qu'il envisageait de monter sa propre affaire. Un ami de la famille avait proposé de l'aider à se lancer comme paysagiste. Cette perspective l'excitait au plus haut point car il s'agissait d'une activité saisonnière, ce qui lui permettait de réaliser l'un de ses rêves : enseigner le surf des neiges pendant l'hiver.

Un vieil ami lui proposa d'être son garant auprès des banques. Sa femme se dit prête à rechercher un emploi bénéficiant d'une bonne couverture sociale *. Certains membres de son groupe de parole s'offrirent de l'aider à rédiger un « business plan » et à organiser la comptabilité.

Aussi longtemps que Philippe avait cherché à tout faire par lui-même, il avait échoué dans ses objectifs. Dès qu'il commença à demander de l'aide et à accepter que les autres lui prêtent main forte, sa vie prit un tour différent. Il est aujourd'hui dans la bonne direction pour se bâtir une vie qui lui convienne.

---

* Aux États-Unis, la couverture sociale, et notamment les prestations de santé, varient énormément d'une entreprise à l'autre, de sorte que les employés sont souvent obligés de souscrire une assurance complémentaire fort chère *(N.d.T.)*.

Identifier ses comportements d'autosabotage

Comme je l'ai dit plus haut, les chics types sont très forts pour scier la branche sur laquelle ils sont assis : ils perdent du temps, procrastinent, ne finissent jamais ce qu'ils commencent, dépensent une énergie incroyable pour résoudre les problèmes des autres, distraient leur attention du but qu'ils doivent poursuivre, transforment tout en chaos et n'arrêtent pas de se trouver des excuses.

Souad en est la parfaite illustration. Il avait grandi entre un père passif et une mère schizophrène, de sorte qu'aucun de ses parents ne lui avait jamais prêté la moindre attention ou ne s'était montré disponible pour répondre à ses besoins. Jeune, il avait dû prendre en charge le bien-être de son frère cadet et n'avait donc eu aucune alternative : quand il se sentait angoissé ou dépassé par le poids des responsabilités, il rentrait la tête et, avec détermination, avançait lentement sur le chemin de la vie.

Parvenu à l'âge adulte, Souad dirigea un atelier de carrosserie appartenant à son oncle. Ce dernier était un homme d'affaires mesquin, incapable du moindre projet à long terme et s'intéressant peu à la gestion quotidienne de l'entreprise. Souad était donc chargé d'en développer la rentabilité avec les maigres ressources et les employés aigris que lui fournissait son oncle. Il était d'ailleurs convaincu de pouvoir réaliser ce tour de force !

Sa première préoccupation, quand il assistait à la réunion hebdomadaire de son groupe de parole, était de sortir un tube de paracétamol et d'avaler deux cachets afin de faire taire ses maux de têtes déclenchés par le stress et l'impossible défi professionnel qu'il s'était lancé. Un jour, je lui demandai s'il ne voulait pas envisager des solutions alternatives à sa situation : « À quoi cela servirait-il ?, répondit-il. On ne peut rien y changer. »

Pendant environ un quart d'heure, des membres du groupe lui posèrent des questions et lui proposèrent différentes options. C'était comme si Souad avait subi une intervention chirurgicale sans anesthésie.

« Tu ne pourrais pas dire à ton oncle qu'il ne t'est pas possible de faire correctement ton boulot avec le peu de moyens qu'il t'octroie ?

– J'ai déjà essayé. Ça lui est égal.

– Tu ne pourrais pas proposer aux employés une participation aux bénéfices de l'entreprise pour les motiver ?

– Mon oncle est trop radin. Il n'acceptera jamais.

– Tu ne pourrais pas embaucher un assistant pour te soulager d'une partie de ta charge de travail ?

– Nous avons déjà essayé une fois et ça n'a pas marché.

– Tu ne pourrais pas laisser tomber la gestion de l'entreprise et te remettre à peindre les carrosseries ?

– Je gagnerais plus d'agent, mais c'est trop toxique.

– Tu ne pourrais pas quitter la carrosserie et faire un autre métier ?

– Quoi par exemple ? J'ai un crédit sur le dos, une femme et deux enfants. Comment pourrais-je repartir de zéro aujourd'hui ?

– Quelle est ta passion dans la vie ? »

Cette fois, Souad marqua un temps d'arrêt avant de répondre : « J'ai toujours voulu enseigner les arts martiaux. Mais il n'y a aucune chance que cela se produise un jour. Il me faudrait travailler le soir et les week-ends, et ma femme n'acceptera jamais. En plus, je ne verrais plus beaucoup mes enfants. »

TRAVAUX PRATIQUES

Pensez-vous que vos besoins sont importants ? Pensez-vous que les autres sont disposés à vous aider à satisfaire ceux-ci ?

Prenez une feuille de papier et inscrivez le nom des personnes qui vous donnent un coup de main aujourd'hui. Ce sont peut-être des amis, des membres de votre famille, ou des professionnels, par exemple des médecins, des avocats, des thérapeutes, des experts-comptables – tout dépend de votre situation. Une fois que vous avez établi cette liste répondez aux trois questions suivantes :

– De quelle sorte d'aide auriez-vous encore besoin ?

– Comment pourriez-vous faire appel à ceux qui sont susceptibles de vous la fournir ?

– En quoi les empêchez-vous de vous aider ?

Cherchez les occasions que vous pourriez mettre à profit pour demander à ces personnes de vous aider. Créez vos réseaux. Avant d'appeler à l'aide, répétez plusieurs fois la formule suivante : « Cette personne veut m'aider à satisfaire à mes besoins. »

Plus on lui posait de questions et plus on lui proposait de solutions, plus Souad devenait tendu. Son regard reflétait un sentiment de terreur, comme si on l'avait littéralement soumis à la question. Quand il parut clair qu'explorer d'autres options ne faisait que renforcer sa peur et l'amener à se refermer comme une huître, les membres du groupe prirent pitié de lui et cessèrent. Plus tard, évoquant cet épisode, Souad dira que ce jour-là il avait subi « le fraisage du groupe ».

La plupart du temps, les chics types ne sont pas victimes des autres : ils se placent eux-mêmes en situation de victime. Les attitudes de Souad, son comportement, garantissaient qu'il ne connaîtrait jamais aucune satisfaction ni aucun succès professionnels. Il était beaucoup plus facile et confortable pour lui de s'enliser dans une situation stressante et sans issue.

Tous les chics types avec lesquels j'ai travaillé ont un jour ou l'autre été obligés de prendre la décision consciente d'arrêter de se saboter l'existence. C'est primordial. Pour pouvoir commencer à obtenir ce que l'on

TRAVAUX PRATIQUES

Réfléchissez à la manière dont vous sabotez votre vie. Une fois que vous aurez identifié vos modes de fonctionnement, décidez de ce qui doit changer pour que vous obteniez vraiment satisfaction.

Étudiez attentivement la liste ci-dessous et relevez les comportements qui pourront vous aider à mettre fin à l'autosabotage et à atteindre vos objectifs.

– Se concentrer.
– Agir maintenant.
– Accepter l'idée que le mieux est l'ennemi du bien.
– Finir ce qu'on commence.
– Ne pas se lancer dans de nouveaux projets tant que les autres ne sont pas complètement achevés.
– Ne pas s'abriter derrière des prétextes.
– Se détacher des problèmes des autres.

Parlez de votre stratégie à une ou plusieurs personnes de confiance. Faites le point régulièrement avec elle(s) pour voir comment vous vous en sortez (ne pas le faire serait un moyen très efficace de vous saboter).

veut dans la vie, il faut décider clairement de sortir des schémas familiers.

L'un des moyens d'y arriver consiste à changer la façon dont on envisage le changement. La première étape est de comprendre pourquoi on érige inconsciemment autant de barrières qui donnent l'impression qu'on est coincé, dans l'impasse : un crédit, une femme, une absence ou un manque de diplôme, des dettes, des enfants… Changer ne signifie pas qu'il faut tout jeter par-dessus bord, mais qu'il ne faut pas se tromper sur la nature des obstacles qui nous paralysent. Appelons-les par leur nom : ce sont des prétextes. Une fois cela fait, il est possible de progresser à petits pas dans la direction souhaitée.

Souad aurait pu commencer par enseigner les arts

martiaux une soirée par semaine. Il aurait pu se mettre à rembourser petit à petit son crédit pour un jour changer de boulot. Il aurait pu mettre à profit une partie du temps qu'il passait en activités triviales et insatisfaisantes.

TRAVAUX PRATIQUES

Posez un instant ce livre et fermez les yeux. Inspirez profondément, expirez doucement. Faites cela plusieurs fois. Nettoyez-votre esprit de ce qui l'encombre.

Quand vous vous sentez détendu, imaginez que vous vivez dans un monde d'abondance, un monde où tout vous est offert. Dans ce monde-là, il n'y a ni restrictions ni limites. Vous êtes entouré de bonnes choses. Imaginez tout ce que vous avez pu un jour désirer : voiture, maison, amis, amour, joie, richesse, succès, tranquillité d'esprit, défis à relever. Imaginez que vous vivez au milieu de cette abondance.

Visualisez ce monde plusieurs fois par jour jusqu'à ce qu'il commence à acquérir davantage de réalité. Ouvrez vos bras, votre cœur et votre esprit. Cessez d'être un obstacle et laissez venir à vous les choses.

Porter sur le monde un regard plus juste

Vous êtes-vous jamais demandé pourquoi certaines personnes semblaient avoir toujours plus que vous : plus d'argent, un meilleur boulot, une voiture plus puissante, une plus belle femme ? Les enviez-vous ? Leur en voulez-vous de posséder ce que vous n'avez pas ? Vous demandez-vous quand viendra votre tour ?

À cause d'expériences enfantines négatives, les chics types ont tendance à tout analyser en fonction du manque qu'ils ressentent. Persuadés que tout n'existe qu'en quantités limitées, ils se disent que si une personne a déjà beaucoup, il en reste moins pour eux.

Ces hommes acceptent mal l'idée qu'il vivent dans un monde d'abondance. À leurs yeux, les bonnes choses sont rares, donc ils s'accrochent désespérément à ce qu'ils possèdent et qu'ils craignent de ne pouvoir remplacer en cas de disparition. Ils pensent qu'il doivent contrôler et manipuler pour s'assurer que le peu dont ils disposent ne leur échappera pas. Ils ne prennent pas de risques, car ils sont incapable d'imaginer qu'ils réussiront toujours à satisfaire pleinement leurs besoins.

Ce paradigme du manque est illustré par un chic type du nom de Patrick. Patrick était un excellent commercial qui gagnait un très confortable salaire. Il épargnait ou plaçait religieusement 40 % de ses revenus et gardait toujours au minimum trente mille euros sur son compte courant. Patrick excellait dans l'art de gagner de l'argent, mais en dépit de cela il éprouvait en permanence un sentiment de manque. L'idée d'être un jour ruiné le paniquait tellement qu'il interdisait à sa femme d'acheter une simple cassette vidéo pour les enfants si cela n'avait pas été prévu au budget.

Le sentiment de manque qui habitait Patrick reflétait sa conception du monde. Son père était un homme avare et rigide. Il semblait concentrer toutes ses critiques sur Patrick alors qu'il déversait des tombereaux de louanges sur ses deux autres fils. Plus tard, juste avant de mourir, il raya Patrick de son testament et fit don de sa part à l'église. Il n'y a donc rien d'étonnant à ce que Patrick voie le monde à travers le prisme du manque.

À partir du moment où nous réussissons à considérer que nous vivons dans un jardin d'abondance, nous prenons conscience qu'il y a de tout, et en de larges quantités, pour tout le monde. Tout ce dont nous avons besoin se trouve autour de nous : il nous faut simplement nous extraire de nos façons de voir réductrices et laisser venir.

TRAVAUX PRATIQUES

Lisez la liste de règles ci-dessous. Choisissez-en quelques-unes et voyez si elles s'appliquent à votre cas. Ajoutez si nécessaire à cette liste vos propres règles. Inscrivez-les sur de petites cartes que vous placerez à des endroits bien visibles.

Même si cela vous effraye, faites-le.

Ne « faites pas avec ». À chaque fois que vous « faites avec », vous n'obtenez rien de plus que ce que vous avez déjà.

– Désormais, je passe en premier.

– Quoi qu'il puisse m'arriver, je ferai face.

– Quoi que je fasse, je le fais à fond.

– Si je me contente d'agir comme je l'ai toujours fait, je n'obtiendrai rien de plus.

– Moi seul suis responsable de la satisfaction de mes besoins, de mes envies et de mon bonheur.

– Quand je veux quelque chose, je le demande.

– Si ce que je fais n'aboutit à rien, j'essaye autre chose.

– Je suis clair et direct.

– J'apprends à dire « non ».

– Je ne me réfugie pas derrière de faux prétextes.

– Je suis assez grand pour décider de mes propres règles.

– Je laisse les autres m'aider.

– Je suis honnête envers moi-même.

– Je ne laisse personne me traiter mal. Personne. Jamais.

– Quand je suis dans une mauvaise situation, je m'en extirpe au lieu d'attendre qu'elle évolue.

– Je n'accepte pas l'intolérable – jamais.

– Je cesse de reporter la faute sur les autres. Les victimes ne gagnent jamais rien.

– Je suis intègre. Je décide de ce qui me convient et je le mets en pratique.

– J'accepte les conséquences de mes actes.

– Je suis gentil avec moi-même.

– Je pense en termes d'abondance.

– J'affronte sans hésiter les situations difficiles et les conflits.
– Je ne fais rien en douce.
– J'agis. Maintenant.
– Je suis prêt à lâcher ce que j'ai pour obtenir ce que je veux.
– Je prends du bon temps. Si je ne m'amuse pas, c'est qu'il y a un problème.
– Je m'accorde le droit à l'erreur. D'ailleurs, les erreurs n'existent pas, elles sont toujours l'occasion d'apprendre quelque chose.
– Tout contrôler est illusoire. Je lâche prise. Je laisse couler la vie.

Regardez autour de vous. L'abondance et la plénitude existent. Si d'autres que vous ont y droit, pourquoi pas vous ? N'oubliez pas que ce qu'un homme peut faire, tous les hommes peuvent le faire.

Si un homme est capable de gagner des millions, pourquoi pas vous ?

Si un homme est capable de se lancer dans l'entreprise de ses rêves, pourquoi pas vous ?

Si un homme est capable de quitter un boulot nul pour en trouver un autre beaucoup mieux, pourquoi pas vous ?

Si un homme est capable de devenir moniteur de surf des neiges, pourquoi pas vous ?

Rien ni personne ne peut nous donner ce que nous ne sommes pas prêts à recevoir. Dans la mesure où certains, habités par un sentiment de manque, s'accrochent à ce qu'ils ont déjà, ils ne sont pas réceptifs à recevoir davantage. Comme l'a découvert Philippe, quand nous demandons ce que nous voulons et que nous nous attendons à l'obtenir, cela finit par advenir.

La stratégie des anciens chics types pour vivre heureux

Les chics types sont persuadés que les comportements sont régis par une série de règles. Ils pensent qu'en trouvant ces règles et en les mettant en œuvre, ils mèneront une vie tranquille et heureuse. Ils croient aussi que l'incapacité à repérer et à obéir à ces règles se paye au prix fort.

Pour découvrir ce qui nous passionne et quelles sont nos priorités, nous devons comprendre ce qui fonctionne et ce qui ne fonctionne pas. Quand on est mûr et que l'on réussit, on établit ses propres règles. Un seul critère sert à juger de la valeur de ces règles : leur efficacité.

Au fil du temps, les chics types qui participent aux groupes de parole pour lutter contre le syndrome dont ils souffrent ont mis au point des règles qui se sont révélées efficaces dans leur cas. Elles les ont aidés à trouver ce qui les passionnait et à utiliser tout leur potentiel. Elles leur ont permis de se construire une vie personnelle et professionnelle qui les satisfasse vraiment.

Il est temps pour vous d'obtenir ce que vous voulez. Libérez-vous du syndrome du chic type. Découvrez vos passions, révélez votre potentiel. Vous êtes responsables de votre vie et de vos désirs. Et vous pouvez devenir ce que vous avez toujours voulu être.

CONCLUSION

J'ai mis six ans pour écrire ce livre, six années au cours desquelles j'ai travaillé avec d'innombrables chics types et leurs partenaires. Chaque semaine, j'ai animé en moyenne trois groupes de parole. En gros, j'ai passé plus de 1 800 heures rien qu'avec eux. Cela m'a permis d'assister à de nombreux événements excitants et importants.

J'ai vu des individus désarmés, passifs, obsédés par le besoin de tout contrôler et plein de ressentiment se transformer en des hommes sûrs de leur pouvoir et de leur plénitude.

J'ai vu s'améliorer considérablement de nombreuses relations amoureuses et j'en ai vu autant connaître une fin bien méritée.

J'ai entendu des témoignages et lu des lettres de remerciements spontanés émanant d'hommes comme de femmes me disant leur gratitude devant les changements qu'avait connu leur vie.

J'ai reçu des réponses d'hommes et de femmes à travers le monde entier qui se sont reconnus ou ont reconnu une personne qu'ils aiment dans ma description du chic type.

Vous qui avez fini ce livre, je vous encourage à le

reprendre depuis le début. Prenez le temps de faire les travaux pratiques proposés. Si vous ne l'avez déjà fait, mettez-vous en quête d'une personne de confiance ou d'un groupe de parole pour vous accompagner dans votre voyage vers le pays ou le syndrome des chics types n'existe pas. Si vous vivez en couple, demandez à votre partenaire de lire également le livre. Parlez-lui de ce que vous y découvrez sur vous.

En vous entraînant à appliquer le programme proposé ici, vous vous faites, ainsi qu'à ceux que vous aimez, le plus beau des cadeaux. Au fur et à mesure que vous apprendrez à vous sentir satisfait de vous-même, vous découvrirez en vous un potentiel illimité à donner et à recevoir de l'amour et à croquer la vie à pleines dents. Cette expansion peut faire peur au départ, mais elle représente l'essence de votre être et de votre destin.

La découverte de votre moi profond conduit à une liberté sans limites. La liberté de cesser de rechercher l'approbation des autres. La liberté d'obtenir enfin satisfaction. La liberté d'être, tout simplement, vous-même.

TABLE

Impression réalisée sur CAMERON par

BUSSIÈRE CAMEDAN IMPRIMERIES

GROUPE CPI

à Saint-Amand-Montrond (Cher)
pour le compte des Éditions Payot & Rivages
en janvier 2004

Composition : Facompo, Lisieux

N° d'impression : 040292/1.
Dépôt légal : janvier 2004.

Imprimé en France